本书系2021年北京高校党建研究课题《高校党的政治建设的历史经验研究》阶段性研究成果

新时代高校党的建设的制度规范与价值意蕴

刘 勇　苟 琴　王延涛 ｜ 著

图书在版编目（CIP）数据

新时代高校党的建设的制度规范与价值意蕴／刘勇，苟琴，王延涛著．—北京：中央编译出版社，2023.1（2024.3月重印）

ISBN 978-7-5117-4202-5

Ⅰ.①新… Ⅱ.①刘… ②苟… ③王… Ⅲ.①中国共产党–高等学校–党的建设–研究 Ⅳ.①D267.6

中国版本图书馆CIP数据核字（2022）第107026号

新时代高校党的建设的制度规范与价值意蕴

责任编辑	李媛媛
责任印制	李　颖
网　　址	www.cctpcm.com
出版发行	中央编译出版社
地　　址	北京市海淀区北四环西路69号（100080）
电　　话	（010）55627391（总编室）　（010）55627310（编辑室） （010）55627320（发行部）　（010）55627377（新技术部）
经　　销	全国新华书店
印　　刷	北京印刷集团有限责任公司
开　　本	710毫米×1000毫米　1/16
字　　数	168千字
印　　张	13
版　　次	2023年1月第1版
印　　次	2024年3月第2次印刷
定　　价	65.00元

新浪微博：@中央编译出版社　　　微　信：中央编译出版社（ID：cctphome）
淘宝店铺：中央编译出版社直销店（http://shop108367160.taobao.com）　（010）55627331

本社常年法律顾问：北京市吴栾赵阎律师事务所律师　闫军　梁勤
凡有印装质量问题，本社负责调换，电话：（010）55627320

目 录

导 论 ·· 1

第一章 新时代高校党的建设制度规范的发展历程 ················ 24
 第一节 1996 年：《中国共产党普通高等学校基层组织
    工作条例》的创立期 ······································· 25
 第二节 2010 年：《中国共产党普通高等学校基层组织
    工作条例》的发展期 ······································· 27
 第三节 2021 年：《中国共产党普通高等学校基层组织
    工作条例》的完善期 ······································· 30

**第二章 新时代高校党建的价值意蕴之一：全面提高人才
   培养能力，培养社会主义建设者和接班人** ············ 37
 第一节 坚持人民至上，办好人民满意的教育 ················ 43
 第二节 锻造党领导下的"教育战线的革命战士" ············ 58
 第三节 凌云志——"新后代"的劳动本领与政治自由 ········ 73
 第四节 激发学术理想，建设党的理论队伍 ···················· 82

第三章 新时代高校党建的价值意蕴之二：深化各级党组织的职责，强化教育质量的政治保证和组织保证 …… 87

第一节 高校党委：领导核心与政治领导 …… 94

第二节 院（系）党组织：政治核心与政治保障 …… 107

第三节 教职工党支部：政治责任与政治把关 …… 113

第四节 学生党支部：政治功能，全面提升组织力 …… 119

第五节 以推优入党工作为切入点，强化党对高校共青团的政治领导 …… 128

第四章 新时代高校党建的价值意蕴之三：建设高素质党员队伍 …… 136

第一节 政治标准与政治担当——严把大学生党员入口关 …… 138

  一、严把师生党员的政治信念关 …… 143

  二、严把师生党员的政治理论关 …… 147

  三、严把师生党员的政治学习关 …… 148

第二节 政治自觉与政治本领——党员发展教育的路径遵循 …… 150

  一、加强党内团结教育，增强党性教育实效，提升大学生党员的政治素养 …… 154

  二、加强党史学习，理解经过考验的革命家的坚强组织的伟大力量，提升大学生党员在组织上的修养 …… 155

  三、深刻领会党的理论创新成果的思想方法，努力成长为清醒的马克思主义者，提升大学生党员的理论素养 …… 159

  四、加强党内法规教育，深入学习党的政治纲领，提高大学生党员的制度意识 …… 160

第五章　新时代高校党建的价值意蕴之四：营造风清气正、心齐气顺政治生态，维护和塑造高校政治安全 ………… 165

　第一节　规范党内政治生活，瞄准政治问题，以政治文化涵养政治意识 ………… 166

　第二节　以政治纪律政治规矩来规范党内政治行为 ………… 170

　第三节　强化高校巡视巡察 ………… 172

第六章　新时代高校党建的价值意蕴之五：建设高素质的党务工作和思想政治工作队伍 ………… 175

　第一节　忠挚刚健的政治形象 ………… 177

　第二节　馨竭心力的事务工作者 ………… 183

　第三节　生动的政治工作，塑造政治德行 ………… 186

结　语 ………… 189

参考文献 ………… 192

导 论

一、研究缘起

中国共产党实践马克思主义教育理论的工作是一贯的、明确的,党领导高等教育发展的历史是中国革命建设改革的历史征程的重要篇章。新中国成立后,中国共产党作为一种新的政治力量被纳入全国高校,高等教育形态发生根本改变,彻底清除了官僚资本控制下的凄惶绝望的旧势力在高校的影响。为培养全面发展的新劳动者,党在高校创立了一系列的工作制度,把党的革命传统和新鲜经验加以程序化、规范化。在党长期执政过程中,我国建成了世界上最大规模的高等教育体系,"双一流"建设成效将成为影响我国社会主义现代化建设全局的关键,充分展现了党的领导力量和社会主义大学的育人实力。同时,受一段时间管党治党宽松软的影响,面对高校意识形态阵地日趋复杂的形势和办学治校新考验,党的领导落实到高校基层党组织时确有"肠梗阻"现象和问题,一定程度上存在高校党组织的政治影响小于组织力量的情况,2018年7月,习近平总书记在全国组织工作会议上特别强调,"党委领导下的校长负责制是明确的,但把党的领导贯穿办学治校、教书育人全过程则存在较大差距。"① 同年 9 月，习近平总书记在全国教育大会上进一步指出，"党对教育领域的领导和党的建设、思想政治工作亟待加强。"②

从党的组织概念出发，"党应当是组织的总和（并且不是什么简单的算术式的总和，而是一个整体）"③。从党的组织体系的整体框架来看，党的基层组织是确保党的路线方针政策和决策部署贯彻落实的基础，是实现党的政治目标、兑现政治承诺、履行政治责任的关键环节，是加强党的政治建设的落脚点和着力点，是严密的组织体系的根基，是与广大人民群众心连心共命运的政治纽带，也是马克思主义政党一以贯之的政治优势。组织结构严密、联系师生广泛、党内生活充满活力的高校基层党组织，为坚持和加强党对高校的全面领导奠定了组织基础，为培养社会主义建设者和接班人提供了坚强组织保证。

结合党的建设理论和实践经验，马克思主义政党"作用的增长和党的领导水平直接依赖于基层党组织是否以饱满的战斗精神和主动精神去工作"④。从政治学研究的角度看，"就政治活动本身而言，发生在几乎任何具有大型组织特征的重要等级结构中的数量，肯定要比任何时候发生在受到限制的从事国家政治的人群之中的数量多得多。从某种相对的意义上说，传统的政治理论似乎忽略了这种非常重要的'低层政治'。"⑤ 其中的"低层政治"即基层组织的政治建设，这也从另一个层面说明了党的基层组织建设的研究亟待突破。基于此，嬗变的高校党的

---

① 《在全国组织工作会议上的讲话》，见中共中央文献研究室：《十九大以来重要文献选编：上册》，北京：中央文献出版社 2019 年版，第 561 页。

② 《坚决破除制约教育事业发展的体制机制障碍》（2018 年 9 月 10 日），见《习近平谈治国理政》（第三卷），北京：外文出版社 2020 年版，第 347 页。

③ 《进一步，退两步》（1904 年 2—5 月），见《列宁专题文集（论无产阶级政党）》，北京：人民出版社 2009 年版，第 102 页。

④ ［苏］K. M. 谢戈列夫：《党的建设》，北京：求实出版社 1983 年版，第 73 页。

⑤ ［美］戈登·塔洛克：《官僚体制的政治》，柏克、郑景胜译，北京：商务印书馆 2010 年版，第 13 页。

建设的历史图景源自马克思主义执政党与质量强党、问题导向与理论溯源、思想建党与制度治党、解决实效与规范主义等多重逻辑的整合，不同条块交融互动塑造了高校党的建设的历史变迁和实践发展的进程。

在长期的革命斗争和发展实践中，共产党人通过办学治校积累了丰富经验，把全面加强高等学校党的建设作为基础和关键环节，着重从思想上、政治上、组织上巩固高校党组织，紧扣社会主义办学方向，紧盯人民的教育需求，深刻领悟建好中国的社会主义大学必须充分依靠党组织的力量，把党的政治组织优势转化为发展优势，研究和解决高等教育面临的新情况新问题，深入探索新形势下高等教育发展的规律。

在新时代全面从严治党取得重大进展的背景下，归纳总结新时代高校党的建设的新鲜经验并上升到法规制度层面成为依规治党的重要议程。党的领导和党的建设活动实践发展提出的制度需求是刚性的，党内法规必须及时回应。正如习近平总书记所说："我们党抓党的建设，很重要的一条经验就是要不断总结我们党长期以来形成的历史经验和成功做法，并结合新的形势任务和实践要求加以创新。"① 2021 年 4 月新修订的《中国共产党普通高等学校基层组织工作条例》（以下简称《条例》）是党的十八大以来高校党的建设实践探索和制度建设的重要成果，是新时代高校党的建设的基本遵循，对党领导新时代高等教育工作进行了全面系统的制度安排，提供了研究高校党的政治建设的基础文本。"相对于党的建设和党的事业实践发展而言，党内法规制度变革表现为一个新旧制度的接力过程，绝大多数党内法规规范都只是停留时间或长或短的过客，都有一个生命周期。"②《条例》经历了 1996 年、2010 年、2021 年三个版本的嬗变历程，形塑了创立、补充发展以及不断完善三个

---

① 《总结党的历史经验，加强党的政治建设》，载《求是》，2021 年第 16 期。
② 宋功德：《党规之治——党内法规一般原理》，北京：法律出版社 2021 年版，第 534 页。

阶段。所谓"论文必征于圣，窥圣必宗于经"①，切实扼要的法规文本本身也来自高质量的党内生活，"只有将党内法规现象放在历史的过程中去研究，才能准确把握其内在实质和发展逻辑"②。因此，不同版本《条例》的规范考察，不仅能够更好提炼高校党的建设的制度经验，还能进一步阐释高校党务和思想政治工作重点内容历史嬗变的实践图景，有助于我们更深入地理解党内法规在高校基层组织建设中的作用发挥及政治效果。《条例》内容在深化党对高校的领导和加强高校党的建设中，呈现为政治性、实效性、创新性的演进特征。其中蕴含了鲜明的政治逻辑，即从政治大局看教育、以培养社会主义建设者和接班人为政治使命、强化党组织政治功能、建设政治过硬的党员队伍、营造良好校园政治生态，围绕立德树人根本任务，共同塑造了《条例》完善发展的进程。

二、研究价值和研究状况

近代大学在欧洲产生以来，为各种政治力量培养了一批批政治骨干。任何一个现代政党都不可能放弃组织凝聚高校的政治力量，恩格斯曾寄语大学生要成为"脑力劳动无产阶级"③，执政后的马克思主义政党更是将高校党的建设作为改造"旧教育"、建立社会主义新型大学的政治保障和政治录用的通道，架设知识分子和青年学生由知识精英向政党精英转换的桥梁和纽带。当下，中国高等教育普及化的特征愈发清晰，社会主义教育供给模式不断优化，但始终是政治氛围浓郁的教育场域，

---

① 刘勰：《文心雕龙译注》，王运熙、周锋译注，上海：上海古籍出版社2016年版，第13页。
② 宋功德、张文显：《党内法规学》，北京：高等教育出版社2020年版，第11页。
③ 《致国际社会主义者大学生代表大会》，见《马克思恩格斯选集》（第四卷），北京：人民出版社2012年版，第301页。

是意识形态斗争和各种社会思潮交锋的重要战场。

回望党的建设的峥嵘历程,中国共产党的早期创始人大多是在大学期间接受近代高等教育和现代科学知识的过程中学习了马克思主义建党学说,树立了政治信仰,对无产阶级政党的性质功能有了初步的了解和探索,从而坚定了建党的信心。我们党走上独立建党之路后,也把发展高校里的进步青年和提升高校党组织的战斗力放到了举足轻重的地位,高度重视高校青年的政治觉悟和群众感情。新中国成立以来,我们党始终把加强和改进党对高校等意识形态阵地的政治领导,把提高高校党的建设质量作为人民教育事业发展的基本保证和重要根基。改革开放以来,高校思想政治工作成为高校党的建设的重要载体和抓手,直接影响高校党的建设的质量。中国特色社会主义进入新时代,党中央着力解决党内存在的突出问题,高校党建工作体制不断完善,高校系统各级党组织认真落实党建工作责任制,将提升政治意识、提高政治能力、强化政治保障作为党建工作的重要内容。

从高校党建研究成果来看,也有很多学者把高校党组织的作用放到高等教育自身发展子系统中观察:

> 高校党组织因大学的存在而具有了存在论意义,高等教育赋予高校党建以鲜明的时代属性、青年属性和社会属性。大学作为知识传承、知识生产和知识创造的神圣殿堂,党组织在其中发挥着十分重要的作用,即在学科体系和知识体系的构建与传播实践中划清意识形态与学术批判的分界线。①

显而易见,我们可以据此进一步说明:尽管社会主义高等教育赋予

---

① 姚小玲、刘佳:《改革开放以来北京高校党建史》,北京:人民出版社2018年版,第202页。

了高校党建以鲜明的教育情怀、青年属性和政治性,但是高校党组织的政治功能是在一般意义上的党组织政治功能基础上的特殊作用发挥,而非仅仅是立足高等教育过程发挥党组织的政治效应。

中国特色社会主义进入新时代以来,党中央着力解决党内存在的突出问题,以习近平同志为核心的党中央高度重视加强党对高校的全面领导和高校党的建设,习近平总书记专门就教育系统党建工作的问题谈道,"从巡视看,**教育系统党建工作力度和党组织功能发挥层层递减、越往下声音越小工作越薄弱的现象比较突出**,导致党的教育政策和党中央关于教育工作的重大决策部署在相关地方、部门和领域得不到及时有效贯彻。"[①] 习近平总书记多次对高校党建作出重要指示批示,多次到北京大学、清华大学、中国人民大学、北京师范大学、中国政法大学、西安交通大学等高校考察指导,特别是2016年12月、2018年9月先后出席全国高校思想政治工作会议、全国教育大会并发表重要讲话,为做好新形势下的高校党建和思想政治工作指明了前进方向、提供了根本遵循。各地各高校在强化党组织政治功能和组织力,不断提高高校基层党组织建设质量等方面取得了成效,亟须将鲜活的党建实践经验转化为制度规范。

(一) 研究意义

中国高校作为党领导下的高校,是中国特色社会主义高校。"作为一个全国性的大党,中共党建又涉及企业、农村、学校、社区等各个方面。一部完整的党建史应是建立在以上各个方面深入研究的基础之上。因此,从这个角度说,开展高校党建史的研究,就可以丰富中共党建史

---

① 习近平:《加强党对教育工作的全面领导是办好教育的根本保证》,载《光明日报》,2018年9月15日。

乃至整个中共历史的研究。"① 习近平总书记在全国党的建设研究会第七次会员代表大会上进一步强调了党的建设研究的重要意义：

> 在充分调查研究基础上，深入研究推进新时代党的建设新的伟大工程面临的重大理论和实践问题，加强对党建理论最新成果的研究，加强对全面从严治党的研究，在理论上拓展新视野、作出新概括，加深对新时代党的建设规律的认识，不断完善党的建设学科体系、学术体系、话语体系，继续为推进新时代党的建设贡献智慧和力量。②

从制度治党的思路看，立足解读《中国共产党普通高等学校基层组织工作条例》的历史嬗变，分析归纳高校党的建设、党的工作的新鲜经验，从学理角度阐释以政治建设为统领加强高校党的建设的历史过程，特别是解释清楚高校党的建设的制度规范和价值意蕴，避免高校党建研究停留在粗线条的宏大叙事中，具有重要的现实意义和深远的历史意义。

一是从历史嬗变中梳理高校党的建设一直以来存在的问题和现状，才能为规范高校党建党务工作提供历史依据，提供解释并指导当下高校党的工作的历史素材，立足《条例》文本的特殊性加强解释研究，解读应然转化为实然的难题，增强高校党组织和党务工作队伍的政治自觉和工作自信。考察立意点、出发点，马克思主义党的建设理论的核心观点是：要使无产阶级在决定关头强大到足以取得胜利，无产阶级必就必须

---

① 周良书：《中共高校党建史：1921—1949》，北京：北京师范大学出版社 2012 年版，第 2 页。
② 《习近平对党的建设研究工作作出重要指示强调 加深对新时代党的建设规律的认识 继续为推进新时代党的建设贡献智慧和力量》，新华网：http://www.news.cn/2022-01/21/c_1128287755.htm，2022 年 1 月 21 日。

建立一个自觉的有战斗力的党，这是从理论溯源出发得出的结论。事实上，党的建设并非穆然自闭的体系话语，而是历来为党的政治路线服务的，以确保党的领导的实现，党的建设的理论和实践都必须去阐释和解决一个个具体的问题。党的建设是一项工作，也是一门有历史深度和学理高度的学问。新的历史方位下，在校大学生成长于百年未有的强盛时期，将见证并参与民族复兴的新征程。高校育人工作与知识创新面临的挑战和机遇前所未有。具体的高校党建主题活动和党务工作与高校行政管理、学生管理服务及日常思想政治工作相比，具有政治性、纪律性、组织性、先进性等显著特点。在高校"双一流建设"加快推进的大背景下，"去行政化"、扁平化管理、高校思想政治队伍去编制化、高校职员制等所谓现代化管理理念如火如荼，回到高等教育学的"单学科视域"下，如果我们无法划清高校党建工作与高校其他管理服务工作的严格界限，梳理并证明党建党务工作的育人功能，高校党的建设将可能面临被边缘化、淡化、"口号化"等形式主义的危险，这绝不是危言耸听，而是需要高校党组织和全体师生认真对待的重大问题。

二是以《条例》的主干框架为参照，总结新中国成立以来特别是第一次全国高校党的建设工作会议后高校党的建设的历史经验，才能进一步明确高校党的工作的方向，涵盖这一新时代高校党的建设的基本遵循的非正式解释，深化对高校建党的认识，增强推进党的政治建设的坚定性，推动高校党组织更加自觉地为新时代党的历史使命贡献高校力量。作为规矩、约束、制度，《条例》的内容必须简洁明了、直白透彻、标准清晰，但是深邃的逻辑思考亟待深挖，"只有将当下的党内法规制度建设放在历史发展的视野中，放在昨天、今天、明天三位一体的时间坐标上去观察、研究、推进，才能把握历史必然性。"[①] 历史地看党的政治

---

① 宋功德：《党规之治——党内法规一般原理》，北京：法律出版社 2021 年版，第 529 页。

建设，不同时期呈现差异化的特点。

在社会科学问题上有一种最可靠的方法，它是真正养成正确分析这个问题的本领而不致淹没在一大堆细节或大量争执意见之中所必需的，对于用科学眼光分析这个问题来说最重要的，那就是不要忘记基本的历史联系，考察每个问题都要看某种现象在历史上怎样产生。①

在党内法规的文本实质内容构建上，我们必须深入考察该法规的制定目标、政治意义与法规价值、内在质量以及彰显党的精神元素，进而获得高度的可接受性与可操作性。另外，我们对新中国成立以来高校的建设的历史经验和教训的深刻反思和全面检讨，可以强化对高校党的政治建设相关理论的思考，从而有助于人们从历史的经验中学会正确地开展高校党内政治生活。在一定意义上说，高校党的政治建设反映了人们对政治价值的选择，对社会主义教育思想及其实践取向的区分、评判、选择与决定。而社会主义办学方向等高校党的政治建设相关理念的形成，从过去的历史中吸取相关的启示是非常重要的路径。本书要在研究新中国成立以来高校党的政治建设历史的基础上，反思与高校党的政治建设直接相关的一些理论问题，如院（系）党组织在党政联席会中的作用发挥等。这样的研究，对于人们进一步思考高校党的政治建设的相关理论问题必有一定的参考价值。另外，高校党的政治建设不是因新而新的"名词"或者生搬硬凑的政治术语，而是从过去历史的延续和发展变化而来，从高校党的建设和党的工作实践而来。对于新中国成立以来高校党的政治建设的历史考察，有助于我们理解和认识现实中诸多政治主

---

① 《论国家》，见《列宁专题文集（论辩证唯物主义和历史唯物主义）》，北京：人民出版社2009年版，第283页。

题、意识形态难题、教育问题与高等教育管理创新之间的联系，从而正确地认识和处理一些敏感话题，特别是有助于从历史中充分吸取党的政治建设的经验，以正确地推动新时代高校党的政治建设。

三是通过梳理—归纳—分析的论证，解读《条例》内容的合理性与适用性，展示高校党的建设对社会主义大学的政治引领作用，分析条例的执行效力，避免以新的政治标准来给以往的历史认识贴标签，阐释新时代高校党的建设的重大意义。从"条例"作为基础主干法规在党内法规体系中的地位来看，"只能规定看得很准、考虑周全的内容，只能将那些规律性认识、成熟经验、为实践证明行之有效的做法提炼上升为制度规定，不宜去固化试错性做法、生涩成果、局部经验"①，因此《条例》内容的政治性、适用性、实用性、稳定性、长期性的考量就显得尤为重要。

长期以来，从落实党的统一意志的高度看，高等学校党的工作对全面贯彻党的教育方针、政策，保证高等教育社会主义方向，不断加强党的建设，领导学校的思想政治工作，不断加强和改进学生的思想政治教育，正确贯彻党的知识分子政策，维护学校安定稳定的局面，为推进高等教育事业的改革发展提供了政治保证和组织保证。

> 理性的立改废释须有实践意识、实践思维、实践眼光，应当紧扣党的领导和党的建设实践去发现制度需求、分析制度需求和满足制度需求。在这个意义上，面对一部新出台的党内法规，我们只有立足实践去看待它，才能准确理解其意义、公允评价其得失。②

---

① 宋功德：《党规之治——党内法规一般原理》，北京：法律出版社2021年版，第766页。

② 宋功德：《党规之治——党内法规一般原理》，北京：法律出版社2021年版，第427页。

同时，国内外教育界中分析自身的高等教育优势与问题成为一种社会景观，分析教育政策话语构成与话语特征，探究教育政策的话语形态，党的政治主张在教育政策制定、落实、反馈的过程中的实现与发展，已然是中国特色社会主义大学的鲜明特色。正如习近平总书记强调，"我们的高校是党领导下的高校，是中国特色社会主义高校。办好我们的高校，必须坚持以马克思主义为指导，全面贯彻党的教育方针。"① 同时，本研究对新中国成立以来高校党的建设的全面系统研究，有助于党建理论界和高校党务工作者全面了解我们党在高校建党、推进党的政治建设的发展脉络，同时也可以以一种新的视角揭示新中国高等教育发展的复杂性和曲折性。虽然理论界对高校党的政治建设已经有所研究和论述，但总体来说，这些论述主要散见于相关的历史研究如教育史研究论著之中，集中强调高校党的政治建设的重要性，观点较为统一，素材比较零碎。

（二）研究概述

关于高校党的建设的制度规范与价值意蕴，已有的研究主要在以下几方面取得了突破：**一是**从党对高校领导的内涵和实质、原则和任务、职责和特点的阐释入手，切入对于当前高校党的领导体制建设的探讨，解释了党对高校的政治领导的意义。以顾海良、罗永宽主编的《高校党的领导体制建设研究》专著为代表，思路沿着高校组织体系架构展开，以应然的角度梳理各方面的政策中关于加强高校党的领导的规定性内容。**二是**从大的历史分期中高等教育发展的阶段性特点出发，分析不同的阶段，高校的布局、发展等与党的政治领导的关系，特别围绕党委领导下校长负责制的历史沿革，以黄建军、唐景莉等在《中国高等教育》

---

① 《加快建设世界一流大学和一流学科》，见《习近平谈治国理政》（第二卷），北京：外文出版社2017年版，第377页。

杂志上发表的文章为主，其重要价值在于说明了社会主义大学与党的领导的关系。从高等教育内涵发展的角度澄清了"教育独立论""教育中立论""教育清高论"等错误思想。**三是**通过分析特殊历史时期的高等教育的变革，突出高校党建工作特别是政治工作的历史意义，比如刘颖《除旧布新——新中国成立初期中共对高等教育的接管与改造》、周良书《中共高校党建史（1921—1949）》《从"双百"方针到"教育革命"：八大前后党与高校知识分子关系的转化》、中央党校任云飞博士论文《中国共产党对北京高校的接管、改造与调整》等，这类研究从高等教育史的一个重要关口切入进去，在横切面中找到高校党的领导、党的政治建设的因素，分析社会主义教育思想在高校的贯彻实施路径，尤其注意党组织覆盖的问题。**四是**从应然的角度提炼总结高校党组织建设的目标。比如有学者认为，"高校党委工作中应进一步增强的五种能力：坚持政治方向的判断力、执行组织纪律的自我约束力、关注社会政治动态的洞察力、维护国家安全的交往能力和拒腐防变的自律能力。"① **五是**国家教育行政部门对加强高校党的政治建设的工作经验的总结。以中国人民大学党委书记张东刚在《中国高等教育》杂志上发表的《加强我国高校党的政治建设的重要经验》为代表，以"干部政治素质、班子政治功能、学校政治生态三位一体"的理念来统筹推进高校领导班子建设，这是党的十八大以来形成的加强高校党的政治建设的重要经验。② **六是**从政策文件到研究文本的话语转化类的成果，比如有学者凭借理论素养，进一步阐释党的政治建设的内涵，"党的政治领导，主要体现在党的路线、方针、政策等重大决策的领导，在政治立场、政治方向、政治原

---

① 宋志红、刘书林：《引领社会思潮的关键在于高校党委的政治敏感性和政治鉴别力》，载《清华大学学报（哲学社会科学版）》，2010年第25期，第110页。

② 张东刚：《加强我国高校党的政治建设的重要经验》，载《中国高等教育》，2020年第7期，第24页。

则、政治道路方面的领导。"① 韩景阳主编的《高校党的建设研究》、王建国主编的《新中国高等学校党建理论和实践研究》等从分析高等学校在加强党的建设中的积极探索和成功经验的角度，将政治建设的部分内容揉到高校党的建设史的研究中。**七是**教育学著作在分析大学组织特性中涉及的政治文化内容，可作为高校党的建设研究的背景材料。比如阎光才在《识读大学：组织文化的视角》中谈到，"大学之中有群体之分，学科专门门类之别，同一学科内部甚至有门派之争，但彼此间的互不理解、信念的冲突、观点的分歧与对立，却并不影响他们相互间的和平共处，这一特点或许是大学所独有的。"② **八是**高校党建实践经验的总结，比如《同济大学2019年党的建设研究》中提出"严格落实意识形态工作、基层党建工作、党风廉政建设和党内监督工作三大主体责任是高校党的建设的核心工作"③。

已有研究为我们从高等教育发展史的背景下认识高校党的建设的制度规范和价值意蕴提供了思考角度和参照框架，我们力图从高校党组织发展历程的角度，把该问题置于党的政治建设的宏大背景下考察，发现以往研究中有几方面需要拓展的地方：

一是缺少对高校党建工作一线的深入了解，笼统、抽象、粗疏的地方比较多，较少从厚植党在高等教育领域的政治基础的角度分析问题，研究理论上对高校党建工作的考察仍以学校为单位，基础党务工作的直接材料采用较少，并且缺乏深入分析。实际上，目前大多数高校建立健全高校党委统一领导，党委组织、学生工作等部门协同配合，院（系）

---

① 《新时代党的政治建设十讲》编写组：《新时代党的政治建设十讲》，北京：红旗出版社2019年版，第58页。

② 阎光才：《识读大学：组织文化的视角》，北京：教育科学出版社2002年版，第150页。

③ 冯身洪：《同济大学2019年党的建设研究》，上海：同济大学出版社2020年版，第1页。

党组织贯彻落实的工作机制，完善学校党委、院（系）党组织、学生党支部相互衔接的工作体系，形成齐抓共管的工作格局，而这其中院系党组织是高校党建工作的关键环节和重要的工作主体。单纯考察高校党委和学校层面的党建工作，更多是工作案例的梳理和经验的凝练，很难有具体的材料支撑。从党建工作层面，也比较容易理解，因为学校党建工作的材料以成果汇报和典型案例为主，大规模整顿落后支部并不是工作常态。

二是从研究特点来看，很少有具体高校党的建设史或者组织史的材料来支撑，大多数是从中央政策文本的摘录和学校文件的语句提炼，正如学者批评的那样，"语文性历史学是由多本书或由各种书的众多部分融合成的一本新书，这种工作在通用语中有个恰当的名词，称作'编纂'"①。另外对中国特色社会主义大学的特殊工作未分析，比如作为高校政工制度衍生出来的辅导员制度，"辅导员作为开展大学生思想政治教育的骨干力量，是高等学校学生日常思想政治教育和管理工作的组织者、实施者、指导者"②，已有研究基本围绕学生管理和思想价值引领阐发辅导员的定位属性，对高校党务和思政工作者与教师队伍、管理人员、科研服务人员的协作沟通与组织交流的共鸣和杂音解读较少，对校党组织发挥政治功能，引领办学实践与领导核心、政治核心、战斗堡垒的政治定位及其与学术权力、行政权力工作流程设置及职责匹配等问题止于关键词表述，没有详细解读。

三是从研究的创新性来看，对高等教育的新趋势新矛盾新问题没有回应之作，比如高校去行政化、党的领导与高校的办学自主权的关系、

---

① ［意］克罗齐：《历史学的理论和历史》，田时纲译，北京：中国社会科学出版社 2018 年版，第 13 页。
② 《普通高等学校辅导员队伍建设规定》，教育部，http://www.moe.gov.cn/srcsite/A02/s5911/moe_621/201709/t20170929_315781.html，2017 - 09 - 29。

院系党组织的政治核心区别于"领导核心"的特点；对一段时间内存在的高校党的建设弱化的原因没有考究；对高校党委学生工作部与共青团组织工作交叉点与重合点没有分析；坚持以马克思主义为指导，积极构建有中国特色的高等教育各学科教材体系这一方针的解读止步于顶层设计；部分研究仍是从高等教育办学实践中容易出现政治偏差、发生焦点争议事件的领域出发，强调高校党组织的政治把关作用，"窄化"了高校党组织政治功能发挥的内容范围，简单对标"高等教育的全球统一标准"。

四是从研究对象来看，很多研究从事实向理念倒推，在对共产党人对高等教育的认识、党的主要领导人的教育思想理念方面有过研究，但是将理念转化为现实的历史过程和实际对比缺少分析，对糅合在党的宣传思想、意识形态、文化科技等方面政策中的教育方针的单独梳理较少。党的学说和党的建设是共产党人特有的和常用的语言，比如关于社会主义办学方向，缺少对党的领导与社会主义办学方向的具体分析，学科建设已然成为高等教育的核心关键命题，是社会主义办学方向的直接体现，"要在深入研究经济社会发展需求、学科发展趋势、学校学科优势的基础上，确定重点学科发展方向。努力做到学科发展方向明、定位准、有特色、出成果、出人才。"[①] 而目前基本上是由每个学科独自的视角来解读学科发展方向与社会主义办学方向直接或间接的关系，缺少概述总括。

五是从研究的学科依据来看，党的建设与教育学对待资料、理论取向和学术标准有差异，已有研究中对教育学与党的建设学科的结合不够多，从教育学领域探索这个问题，基本没有脱离厦门大学潘懋元先生的

---

① 《中共中央宣传部、教育部关于加强和改进高等学校哲学社会科学学科体系与教材体系建设的意见》，教育部，http://www.moe.gov.cn/jyb_xxgk/gk_gbgg/moe_0/moe_495/moe_1079/tnull_12345.html，2007-08-21。

"不同的政治制度,不但要制约高等教育的体制,而且决定了办学的方向、培养目标、思想政治教育以及社会学科的教育内容。这是不证自明的道理"①。把党的领导和政治制度混为一体,虽然方便理解,但是缺少了党建研究的独特性。

六是从研究视野来看,从纵向的历史维度对高校党的建设的系统研究显有不足,尤其是高校党的政治建设和党的政治领导有分离研究的趋势,王岐山同志说,习近平总书记系列重要讲话"万变不离其宗,根本是坚持党的领导;无论哪个领域、哪方面工作,无一不是从加强党的领导抓起,最终落脚在强化党的建设上"②。从某种程度上讲,党的全部工作可以分为党的领导(党的外在功能形态)与党的建设(党的内部建设)两大组成部分。③ 而相关研究中对高校党的建设的内涵属性着墨较多,对党对高校的领导的历史分析偏少。

一般来说,哲学社会科学中的研究问题为已有的研究成果和结论所规范,但当已有文献无法完整地解释该问题的来龙去脉时,通常有研究素材不完整和问题解释角度不准确两个大问题。因此,高校党的建设的已有研究的不充分、欠深入有以下两个方面的原因:一是高校党建的实证材料不难获取,但是材料的准确度和深度很难保证,行政话语、学术话语、公众话语、媒体话语交织,使得研究的逻辑推理缺少支撑,增加了聚焦高校党建具体工作进而提升实践问题的理论内涵的难度,研究者对高校党建工作的自我感受较多,由上而下的梳理较多,对细节问题追溯不够,有简单化套用党的建设的相关研究内容的苗头,也常见语焉不详的问题。二是基层党组织建设的学理高度还没有得到广泛认可,理论

---

① 潘懋元、王伟廉:《高等教育学》,福州:福建教育出版社2013年版,第32页。

② 王岐山:《开启新时代 踏上新征程》,见《党的十九大报告学习辅导百问》,北京:党建读物出版社2017年版,第78页。

③ 杨德山:《试论"全面从严治党"的理论价值》,载《马克思主义研究》,2017年第10期,第126页。

基础相对薄弱，很多从组织行为学、管理学等学科角度给予的分析脱离了马克思主义政党学说的学术框架，过于追求历史事实的抽象化表达，没有考虑到基层党组织的政治性、先进性、代表性、纪律性，追求"理想"空间中规律性的组织作用发挥，考察高校党务工作具体细节的工作力度远远不够，没有太多结合党的建设学科的话语风格和话语体系来阐述高校党的政治建设的历史内蕴。

三、研究进路及研究设计

毛泽东同志说："我们阶级要胜利，就要选出先锋队来。群众是从实践中来选择他们的领导工具、他们的领导者。被选的人，如果自以为了不得，不是自觉地作工具，而以为'我是何等人物'！那就错了。**我们党要使人民胜利，就要当工具，自觉地当工具**。各个中央委员，各个领导机关都要有这样的认识。"① 邓小平同志说："同资产阶级政党相反，工人阶级的政党不是把人民群众当作自己的工具，而是自觉地认定自己是人民群众在特定的历史时期为完成特定的历史任务的一种工具。"② 中国特色社会主义进入新时代，新形势、新任务、新政策，要求我们有新工作、新组织和新作风。习近平总书记深化了"党建工具论"，明确指出了新时代党的建设的规律："党的建设关系重大、牵动全局。党和人民事业发展到什么阶段，党的建设就要推进到什么阶段。这是加强党的建设必须把握的基本规律"。③

针对"我们对高等教育的需要比以往任何时候都更加迫切，对科学

---

① 《第七届中央委员会的选举方针》（1945 年 5 月 24 日），见《毛泽东文集》（第三卷），北京：人民出版社 1996 年版，第 373—374 页。

② 《关于修改党的章程的报告》（1956 年 9 月 16 日），见《邓小平文选》（第一卷），北京：人民出版社 1994 年版，第 217—218 页。

③ 《论中国共产党的历史》，北京：中央文献出版社 2021 版，第 133 页。

知识和卓越人才的渴求比以往任何时候都更加强烈"①的特点，我们要透彻了解高校党的建设的当下意义和深远价值，打破梳理工作成绩的局部狭隘的条框，就必须结合高校党的建设工作实际的同时考量其历史演进以及它对于未来的开放性。②从问题导向和求解思维出发，深刻理解《条例》修订完善的价值意蕴。

本书的目标在于系统梳理新中国成立以来特别是党的十三届四中全会以来高校党的建设的政策文件和历史档案，以社会主义高等教育改革发展与高校党的政治建设之间的复杂互动关系为线索，分析少数"革弊而弊不寝"的现实原因，展示中国共产党对教育事业规律性认识的深化，展现高校共产党人充满人民情怀、政治热情、人文精神和梦想追求的教育之思，弘扬高校党的建设研究的学术自尊心和自信心。通过挖掘分析新的历史史料，分析中国共产党探索中国特色高等教育道路的宝贵经验、典型高校的校史和大学章程等文献材料和政策文件，力图在充分占有相关资料的基础上考证辨析，实现以新的研究视角展示高校党的建设发展的历史图景，在探索高校党的建设历史经验的基础上，就党的建设特别是政治建设与落实党的教育方针、新时代教育改革发展路径的关系问题上多下功夫，丰富高校党的建设的理论阐释，同时解读《条例》的历史价值与深远影响，总结《条例》三次修订的历史经验和马克思主义教育意蕴，更好提炼高校党的制度建设的基本经验，进一步阐释高校基层党组织工作条例历史嬗变的实践图景，充分说明把高校建设成为坚持党的领导的坚强阵地的教育价值和社会主义大学在为国育才方面的特殊价值，清晰地发出"历史正声"，打造坚实的立论。

---

① 《把思想政治工作贯穿教育教学全过程》，见《习近平论党的宣传思想工作》，北京：中央文献出版社2019年版，第275页。

② [德]卡尔·拉伦茨：《法学方法论》，陈爱娥译，北京：商务印书馆2003年版，第73页。

从研究方法的本意上看,"方法"意指通往某一目标的路径。① 研究问题的路径基本按照相应学科的方法论进行,而每种学科的方法论都是这个学科对本身进行的情况、思考方式、所利用的认识手段之反省。② 正所谓优秀的学者"对教育事实问题的兴趣既不是出于对理论完备性的考虑,也不是出于应付新的纯粹经验的挑战,而是出于不同时代的新的教育需求"③。本书全力规避凌空蹈虚,力求返璞归真、溯本清源,同时考虑法规的政治属性和规范属性,遵照高校党建研究领域始终坚守和推崇的真理与价值相统一的致思路径,考察《条例》背后的目标追求、价值导向、理想信念,坚持以史为据、有史有论、史论结合、论从史出的基本原则,在以学术重建教育发展的影像中力求准确把握高校党的建设的理论源泉和思想根基,立足一手资料和教育文献资料展开研究,历史事件、历史过程的研究与历史背景的研究有机结合起来,将教育批判的历史现象与其中的基本规律、历史事实与其中的基本问题、所涉及的教育实践与教育理论问题或教育改革与教育发展问题等诸多层面结合起来进行研究,梳理师生政治行为的变化轨迹,呈现新中国社会主义大学的变迁景象。基本遵循"描述—经验、逻辑—分析和规范—实践"的维度,研究规范的逻辑演绎和规范设计,从而为人们认识高校党的政治建设的政治性、思想性和教育性提供多维度的历史思考与理论思考,具体研究中注意:

一是运用历史分析法,分析《条例》制定演变发展的历史环境以及背后的历史逻辑,明晰历史基因,着重分析《条例》解决回应的难题,"党内法规(包括规范性文件)更多被认为是党为化解现实问题、强化

---

① [德]齐佩利乌斯:《法学方法论》,金振豹译,北京:法律出版社2009年版,第1页。
② [德]卡尔·拉伦茨:《法学方法论》,陈爱娥译,北京:商务印书馆2003年版,第119页。
③ 石中英:《教育学的文化性格》,太原:山西教育出版社1999年版,第95页。

组织动员、完成政治任务与实现政党使命的工具和手段"①,"相对于逻辑严密的党内法规规范而言,实践中的经验性做法往往显得粗糙,这就需要党内法规制度制定机关对拟上升为党内法规制度的经验性做法提炼升华、精雕细刻、反复打磨、精准嵌入。"② 从法理学研究出发,"法的价值整合的过程,是一个对各种具体的价值目标加以统筹协调的过程,也是一个谋求价值总量最大化的过程。这一过程从法律创制开始,一直延伸到法律实施的各个阶段,在立法程序、行政程序和司法程序中都有所表现。"③ 因此,考察具体的高校校史和高等教育史,找寻改造旧大学—建立新学校—建设教育强国的高等教育征程中的高校党的建设历史演进的因素至关重要,高校党组织清楚了解建设社会主义大学的重难点和矛盾点是全面贯彻党的教育方针的前提。历史研究不仅是整理分析史料的严肃学术路径,也是充满情怀、理想、追求、灵感的文化对话过程。社会主义大学不是按照办学模式和办学特点划出的一个门类,而是马克思主义政党领导建设的人才培养高地。从历史分析的方法论角度看,本书在坚持政治立场的同时,坚决杜绝对历史"不负责任"的想象性追述,特别是在细枝末节的问题上不加分析的文辞,详尽叙述相关事件和人物事迹以及马克思主义经典作家的观点言论。有研究认为,"我们往往是用具体领域的研究去印证或者填塞宏大叙事的框架结构,而不是从具体的领域或空间出发,去质疑或者至少是重新思考这个宏大叙事的结构"④。为避免这种情况,本书从高等教育史中挖掘具体的材料来支撑观点,比

---

① 侯嘉斌:《中国共产党党内法规建设的价值导向:从功能主义到规范主义的嬗变》,载《中共中央党校学报》,2017年第4期,第28页。

② 宋功德:《党规之治——党内法规一般原理》,北京:法律出版社2021年版,第444页。

③ 张文显:《法理学》,北京:高等教育出版社、北京大学出版社2007年版,第303页。

④ 赵世瑜:《小历史与大历史——区域社会史的理念、方法与实践》,北京:北京大学出版社2017年版,第4页。

如新中国成立初期高校院系调整中，航空系的调整是全国高等院系调整的先声，为其他院系的调整积累了经验。比如哈尔滨工业大学、中国人民大学等直接体现了党的高等教育设计在高校的发展变化。还有，单独分析国家层面对高等教育工作的领导机制问题，比如从国家科技教育领导小组（1998）、国家教育体制改革领导小组（2010）到中央教育工作领导小组（2018），其中的历史沿革反映出来党中央对社会主义办学方向和立德树人根本使命的重要思考。本书不希望做成一部党内法规法条的简单解读，而是致力于解释高校党的建设的历史魅力和学理价值，因此在进一步拓展初步思考所得的感受、体会、成果外，希望在接下来的研究中深化研究高校党的建设的内在机理。

二是分析《条例》的政治属性和规范属性，特别是分析马克思主义经典著作和近代以来的革命文献当中关于教育特别是高等教育的表述，研究中国共产党与中国特色社会主义高等教育理论发展之间的关系。法学方法论强调"词义上的模糊地带在方法上可以通过解释予以限缩，但是要通过解释完全排除这种模糊地带是不可能的。解释不是一种精确的方法，顶多只能在供讨论的多种解释原则和解释可能性之间做出选择。"① 因此，要明确本书的学理性，避免沦为大量史事的堆积，必须深入挖掘围绕高校党的建设争论性、争议性的焦点问题。从中国共产党改造旧教育、创建社会主义新型教育的历史过程来看，党在不同历史阶段的使命侧重有所不同，对教育使命的表述也随之有所变化，比如个性发展——在20世纪50年代学习苏联教育经验的过程中强调共产主义思想体系指导之下，逐步达到人的个性全面发展，这里的个性和今天教育学层面的个性所指有明显差异。

三是找准实践问题症结，形成逻辑完整的论证链条，在高校党建和

---

① [德]齐佩利乌斯：《法学方法论》，金振豹译，北京：法律出版社2009年版，第16页。

思想政治工作的鲜活实践与切身感悟中寻找答案，分析高校党的建设的鲜活经验和现实问题，解读《条例》的规范属性。毛泽东同志在分析我们党在抗日战争时期的领导责任和内部建设任务时，提出无产阶级政党要"根据历史发展行程提出基本的政治口号，和为了实现这种口号而提出关于每一发展阶段和每一重大事变中的动员口号"①，因此，考察高校党的建设的制度规范，必须深入高校党务工作和思想政治工作一线去挖掘发现问题、凝练新鲜经验，选用高校党建史料和党务工作材料并将它们相互印证，最终能够更接近高校党的建设的真实性并证明相关研究理论假和《中国共产党普通高等学校基层组织工作条例》的重要性。研究成果必须在经世中提升。从一定意义上说，"事业越发展，新情况新问题就越多，也就越需要我们在实践上大胆探索、在理论上不断突破。"研究者丰富的高校党务工作的实践经验"惠予"了高校党的建设工作系统运转运作的素材。作为高校党建研究者与党务工作者，应当有一种时代的担当，充分利用工作与理论相联系的优势，聚合各方资源，不断加强高校党建学术研究，努力为党建育人引领的思想政治工作体系建设献计献策，为建设过硬党组织贡献力量。从另一层面看，研究过程中照看现实党务工作的重难点和困难点矛盾点，实际是对已有高校党建研究成果的"文本复原"，在此基础上的内涵解析会更有学术价值。正如习近平总书记所说，"很多时候，有没有新面貌，有没有新气象，并不在于制定一打一打的新规划，喊出一个一个的新口号，而在于结合新的实际，用新的思路、新的举措，脚踏实地把既定的科学目标、好的工作蓝图变为现实。"②新时代高校党建的突出特点表现为党对高校的领导得到全面加强和高校党组织建设自我革新能力明显提升，具体说来，集中体

---

① 《中国共产党在抗日时期的任务》（1937年5月3日），见《毛泽东选集》（第一卷），北京：人民出版社1991年版，第262页。

② 《习近平谈治国理政》，北京：外文出版社2014年版，第400页。

现为高校党事党务工作的规范性全面提高。众所周知，脱离实际的理论是空洞的理论，缺少"细节零碎"工作支撑的党建育人概念是乏味的"说教"。因此，我们必须讲清党在高校怎样通过基层党组织建设和党员教育等方式来直接完成政治任务和育人目标，说透中国特色社会主义大学党建工作的独特教育价值。

第一章　新时代高校党的建设制度规范的发展历程

　　从学规知规信规崇规的角度看,"党规之治"是指通过党内法规整理党务,在党内法规制度轨道上推进党的领导和党的建设活动,运用党内法规来引领和规范党的工作和活动,据此实现我们党的管党治党、执政兴国目标。① 习近平总书记围绕党的建设的规律,深刻指出了党内法规制度建设的政治意义,"党和人民事业发展到什么阶段,全面从严治党就要跟进到什么阶段,坚持严字当头,把严的要求贯穿管党治党全过程,以自我革命的政治勇气着力解决党内存在的突出问题,做到管党有方、治党有力、建党有效。"② 从党内法规建设的历史来看,"没有一种党内法规制度是一劳永逸、一成不变的,即使是最稳定、最根本、最权威的党章也不例外"③,因此,我们要分析《中国共产党普通高等学校基层组织工作条例》(以下简称《条例》)的演变机理,必须要"将事实

---

①　宋功德:《党规之治——党内法规一般原理》,北京:法律出版社2021年版,第167页。

②　《习近平关于"不忘初心、牢记使命"论述摘编》,北京:中央文献出版社、党建读物出版社2019年版,第157页。

③　宋功德:《党规之治——党内法规一般原理》,北京:法律出版社2021年版,第527页。

性关系抽象为制度性关系的转化过程"①，连接社会主义大学发展的关键时间节点，串起断裂的地方，进而梳理高校党的工作活动的完整链条，这也是高校党组织掌握工作主动和规律的前提。1996年、2010年、2021年三个版本《条例》的话语沿革，可以生动反映党管办学方向、高校党的建设、高校党务和思想政治工作实践的发展变化。

第一节　1996年：《中国共产党普通高等学校基层组织工作条例》的创立期

《条例》是对党务关系和重要工作的具体规定，在整个党内法规体系中居于承上启下的关键位置，是基层党组织开展党务活动和党的工作的基本遵循。"构建完善的党内法规体系，重中之重、难中之难是制定修订条例，进言之，提高党内法规制度执行力，重中之重、难中之难也是贯彻执行条例。"② 因此，中共中央于1996年3月颁布的《中国共产党普通高等学校基层组织工作条例》（以下简称"1996版条例"）在高校党的建设历程中具有重大政治意义，成为我们党历史上第一部关于高校党组织建设的党内法规，是贯彻落实党的十四届四中、五中全会精神的一个重要文件，是对新时期高校党建工作成功经验的确认和规范，直面高校政治现实，改善了前一时期的紧张状况，力克顽梗，明确了高校党组织与社会主义大学不可须臾离开的密切联系，强化了高校对中国特色社会主义的制度性依赖。从回应高校党组织依规治党的实际需求而

---

① 宋功德：《党规之治——党内法规一般原理》，北京：法律出版社2021年版，第307页。

② 宋功德：《党规之治——党内法规一般原理》，北京：法律出版社2021年版，第767页。

言,"1996版条例"顺应了十三届四中全会以后高校党的领导体制的重构和党务工作重要性再强调的趋势,特别是初步确立了"总则、党组织的设置、党组织的职责、党员的教育管理发展、干部工作、思想政治工作、附则"的基本框架结构,为高校党的制度建设打下了重要基础,标志着高校党的建设有了新的发展和重大进步。

2010年、2021年《中国共产党普通高等学校基层组织工作条例》（以下分别简称"2010版条例""2021版条例"）的制定与修订,也大体延续了"1996版条例"所确定的体例结构,充分反映了高校党组织党务关系的稳定性。例如,2010版条例规定了"总则、组织设置、主要职责、党的纪律检查工作、党员的教育管理服务和发展、干部和人才工作、思想政治工作、附则"的结构,这一框架是在"1996版条例"基础上所进行的细化与扩充。"2010版条例"将"1996版条例"中的党的纪律检查工作的内容从党组织的职责等规定出"析出",充实细化了高等学校党的纪律检查委员会的主要职责内容。"2021版条例"则基本维持了原体例框架,注重突出党的领导和政治保障的内容,主干内容分为"总则、组织设置、主要职责、党的纪律检查工作、党员队伍建设、干部和人才工作、思想政治工作、对群团组织的领导、领导和保障、附则"等部分,特别是在总则中新增了高校党组织的工作原则。

"1996版条例"最重要的贡献在于明确了高校党组织的党内关系,实现了高校党务工作"有法可依",杜绝了校内不同类型组织可能代表党的意志的可能,"相对于逻辑严密的党内法规规范而言,实践中的经验性做法往往显得粗糙,这就需要党内法规制度制定机关对拟上升为党内法规制度的经验性做法提炼升华、精雕细刻、反复打磨、精准嵌入。"① 整体来看,"1996版条例"是高线党建工作实践亟须的制度规

---

① 宋功德:《党规之治——党内法规一般原理》,北京:法律出版社2021年版,第444页。

范，在增强高校师生社会主义自信力等方面起到了务实管用的作用，糅合了革命话语、政策用语和党言党语，而本质上也是为了回应第一次全国高校党的建设工作会议后新的现实需要特别是高等教育迅猛发展中产生的新问题新挑战所做的制度安排，在党的建设新的伟大工程的新阶段，直面把党的事业推向新世纪的重大考验，填补了高校党组织建设立规建制的空白。但其制度内容存在待完善的空间，就高校党组织的领导作用发挥和政治保障功能缺少具体规定，特别是就党务和思想政治工作队伍建设、改善高校党的组织状况、高校各级党组织的政治考察、党章党纪党规宣传教育、党内生活规范、思想政治工作的要求等重点内容表述不够全面细致。

第二节　2010年：《中国共产党普通高等学校基层组织工作条例》的发展期

放到第一次全国高校党的建设工作会议后高校政治文化演进的背景下考察，我们可以在2010年修订的《中国共产党普通高等学校基层组织工作条例》（以下简称"2010版条例"）中清楚看到一个组织力提升的主线，在延续原版本基础上进行了细化与扩充，将"党组织的设置"章节改为"组织设置"，增添了"党的纪律检查工作"章节；在"党员的教育、管理和发展"章节中增加了"服务"二字，突出强调了党的纪律检查工作的重要性，并在"主要职责""党员的教育、管理和发展""干部和人才工作"以及新更改的"党的纪律检查工作"等章节突出强调了高校思想政治工作的重要作用以及坚持党在高校工作中的领导核心地位，加入了学习型党组织的建设要求，同时充实细化了高校党组织工作应当遵循的原则和机构设定的人数、职责等的要求。

将民主集中制纳入"党委领导下的校长负责制"的定义内容，明确了高校党委的领导核心地位，并且在第三章第十条中对党组织的职责做了多处修订，适应了政治形势的发展，营造了高校党的建设的政治声势：一是添加了"高等学校党的委员会按照党委领导下的校长负责制，发挥领导核心作用"，突出了学校党委的领导核心地位，明确了高校党委更大的政治权威；二是在第一项中将"培养有理想、有道德、有文化、有纪律的社会主义事业的建设者和接班人"改为"培养德智体美全面发展的中国特色社会主义事业合格建设者和可靠接班人"；三是在第三项中添加了"加强领导班子建设、干部队伍建设和人才队伍建设"；四是在第四项中添加了"党要管党"这一新的重要方针要求和"党员的先锋模范作用"；五是在新添加的第五项中介绍了建设学习型党组织的理论武装和学习要求；六是提出了促进和谐校园的要求；七是在第八项中明确了无党派人士等统一战线成员的政治作用。

明确了大学生党支部委员会的主要职责，高度肯定了学生党务工作的重要性，注意纯洁和加强支部工作的领导核心，进一步强调了大学生党支部的政治动员功能：在第三章中，新添加了第十三条"大学生党的支部委员会的主要职责"，具体且较为系统地规定了大学生党的支部委员会在思想宣传、学生带头动员、学生党员参与班（年）级事务管理、入党积极分子培养及反映学生思想状况并听取学生建议等方面的工作，特别强调大学生党的支部委员会要成为引领大学生刻苦学习、团结进步、健康成长的班级核心，明确了支部建设在班上和支部委员会对班团工作的领导带动功能。

明确了高校党组织对意识形态工作的领导权，突出了"奉规行令"的重要性：在第七章"思想政治工作"中，第二十七条添加了"牢牢把握党对学校意识形态工作的主导权"；第二十八条对高校思想政治理论教育的内容进行了更新："高等学校党组织要对师生员工进行马克思列宁主义、毛泽东思想教育特别是中国特色社会主义理论体系的教育",添加了"民族团结教育"和"把社会主义核心价值体系教育融入大学生思想政治教育工作和师德师风建设的全过程",强调了民族团结和社会主义核心价值体系在大学生思想政治教育中的重要性;第二十九条对于高等学校培养人才的原则、根本任务作出了具体规定:"高等学校要坚持育人为本、德育为先,把立德树人作为根本任务,充分发挥课堂教学的主渠道作用,努力拓展新形势下大学生思想政治教育的有效途径,形成全员育人、全过程育人、全方位育人的良好氛围和工作机制";第三十条删去了"学校党组织要积极创造条件,组织师生参加社会实践,引导他们自觉走与工农群众相结合的道路",对于服务师生员工的原则作出强调,反映了新时期高校师生工作的新要求;第三十一条添加了"高等学校应当将党务工作和思想政治工作以及辅导员队伍建设纳入学校人才队伍建设总体规划",突出了加强高校思想政治工作的重要性,利于有效引导学生在多样化多元化中坚持正确政治方向和价值取向,同时添加了"完善政策措施和激励机制,切实关心、爱护党务工作者和思想政治工作者,为他们成长成才创造条件;完善保障机制"的内容,利于增强高校党务工作者和思想政治工作者的工作积极性与凝聚力。

  细化了高校党的工作的内容,进一步突出了政治生活的重要性,规范了从严治党的内容:在第四章,将"党的纪律检查工作"列为一章,进一步扩充了在第三章第十一条中新添加的"制度建设和反腐倡廉建设"的内容,提升了党的纪律检查工作的地位,反映了我们对于高校党纪检查工作和反腐倡廉建设的重视,强调了强化党内思想纯洁性的重要要求;在第五章,第十八条关于"健全党内生活制度"的规定中,新加入了"开展批评和自我批评,建立党员党性定期分析制度"的规定,为增强党员党性修养、保持党员队伍的先进性提供支撑;第十九条增加了"关心党员学习、工作和生活,建立健全党内激励、关怀、帮扶机制。

拓宽党员服务群众渠道，建立党员联系和服务群众工作体系"的内容，反映出努力传递党的温暖、营造党内和谐氛围的要求；第二十条增加了"尊重党员主体地位，保障党员民主权利，推进党务公开，营造党内民主讨论环境，积极推进党内民主建设。学校党组织讨论决定重要事项前，应当充分听取党员的意见，党内重要情况要及时向党员通报"的内容，利于充分发挥党内民主，激发高校党组织的生机与活力，贯彻落实党的教育方针；第二十一条中新加入了"加强在优秀青年教师、优秀学生中发展党员工作"的内容，巩固扩大党在高校的群众基础。在第六章"党员和人才工作"中，在第二十三条更新了选拔任用干部，新添加的内容为"坚持民主、公开、竞争、择优；坚持德才兼备、以德为先的用人标准，坚持注重实绩、群众公认的原则；提高选人用人公信度"；第二十六条添加了党管人才、贯彻人才强国战略的要求。

第三节　2021年：《中国共产党普通高等学校基层组织工作条例》的完善期

中国特色社会主义进入新时代，"党以永远在路上的清醒和坚定，坚持严的主基调，突出抓住'关键少数'，落实主体责任和监督责任，强化监督执纪问责，把全面从严治党贯穿于党的建设各方面。党中央召开各领域党建工作会议作出有力部署，推动党的建设全面进步。"[1] 2021年新修订的《中国共产党普通高等学校基层组织工作条例》大体延续了上一版的体例结构，将"党员的教育管理服务发展"章节改为"党员队伍建设"，增添了"领导和保障"章节，学习型党组织等规定"析出"，

---

[1] 《中共中央关于党的百年奋斗重大成就和历史经验的决议》，北京：人民出版社2021年版。

并在"主要职责""党的纪律检查工作"以及新更改的"党员队伍建设"等章节就高校党组织的政治功能等作了具体规定,重在揭示以政治建设为统领的高校党的建设的方法路径,用制度推动党的政治领导、政治原则、政治纪律、政治主张在高校落地。

从制度实践来看,"党内法规制度变革路径选择的实践导向,不是黑白两色的推演、预设、冥想,而是一条五光十色的经验之路,是对党的领导和党的建设活动不断探索取得的成功经验的总结和升华。"① 从历史唯物主义的视角看,"一种理论的产生,源泉只能是丰富生动的现实生活,动力只能是解决社会矛盾和问题的现实要求"。邓小平说,政治就是"国内外阶级斗争的大局,是中国人民和世界人民在现实斗争中的根本利害"②。同时,他强调"社会主义现代化建设是我们当前最大的政治,因为它代表着人民的最大的利益、最根本的利益"③。"在社会主义条件下,政治作为经济的集中表现的作用增长了"④。可见,在政治话语语境中,高等教育的政治形象是复杂和丰富的,既承载了追求真学问的学术使命,又担负培养新知识群体的历史责任。第一次全国高校党的建设工作会议就指出了中国特色社会主义大学的政治属性,"高等学校应当成为拥护党的领导,拥护社会主义制度,反对资产阶级自由化,反对和平演变的坚强堡垒"⑤。党的十九大提出把"党的政治建设摆在首位"⑥,是

---

① 宋功德:《党规之治——党内法规一般原理》,北京:法律出版社2021年版,第429页。
② 《坚持四项基本原则》,见《邓小平文选》(第二卷),北京:人民出版社1983年版,第79页。
③ 《坚持四项基本原则》,见《邓小平文选》(第二卷),北京:人民出版社1983年版,第163页。
④ [苏] K. M. 谢戈列夫:《党的建设》,北京:求实出版社1983年版,第49页。
⑤ 《第一次全国高校党的建设工作会议情况概述》,教育部,http://www.moe.gov.cn/s78/A12/s8352/moe_1445/201001/t20100117_16404.html,2012-07-11。
⑥ 《决胜全面建成小康社会 夺取新时代中国特色社会主义伟大胜利——在中国共产党第十九次全国代表大会上的报告》,北京:人民出版社2017年版,第32页。

以习近平同志为核心的党中央在管党治党、大力推进党的建设新的伟大工程的过程中提出的崭新论断，改变了过去长期以来"把思想建设放在首位"的提法，更加突出了政治建设的统领地位和思想建设的基础地位，是十八大以来党的建设实践探索和理论创新取得的重大突破。"旗帜鲜明地讲政治、加强党的政治建设，是中国化的马克思主义党建理论体系的重要内容"。[①]

《条例》进一步明确了中国特色社会主义大学的属性：第一章总则一条中添加了把高校建设成为坚持党的领导的重要阵地的内容，"深入贯彻习近平新时代中国特色社会主义思想，贯彻落实新时代党的建设总要求和新时代党的组织路线，坚持和加强党对普通高等学校的全面领导"；强化理论武装，以习近平新时代中国特色社会主义思想为指导，增强"四个意识"、坚定"四个自信"、做到"两个维护"；"坚持教育为社会主义现代化建设服务"细化为教育"为人民服务、为中国共产党治国理政服务、为巩固和发展中国特色社会主义制度服务、为改革开放和社会主义现代化建设服务，坚守为党育人、为国育才"。

充实细化了高校党组织工作应当遵循的政治原则，进一步表达了党对高校的政治态度，把全党的历史经验与高校党的建设的实践经验结合起来，特别就学校党委领导下的校长负责制、高校党的建设在党的建设新的伟大工程中的地位作用、党组织政治功能发挥和提升组织力的保障内容等作了完善规定，杜绝无视制度、"穿透"程序的情况，防止以党组织活动为名设置掩体另搞一套的现象。更强调发挥全面从严治党的引领和保障作用，巩固新时代以来高校党的建设的政治成果，防止招生就业、教学科研、师德师风、学生管理、国际交流合作中出现的问题演变为政治风险，营造校园管理的全新秩序。这既指出了需要长期防止和克

---

① 全国党的建设研究会：《中国化的马克思主义党建理论体系概论》，北京：党建读物出版社 2021 年版，第 258 页。

服的根本性问题,也指出了当前高校党建存在的突出问题,必须以彻底的自我革命精神加以解决,同时也说明,新时代高校党组织的政党形态更趋丰富立体,组织原则更便于操作,显示出蓬勃生机和强大战斗力。

明确了学校党委的组织设置,对高校党委的职责做了新的重要修订。第二章组织设置第六条中明确了设立常委会的高校党委中党委委员和常委委员的人数以及不设立常委会的高校中的委员人数;第三章第十条将高校党委的职责修改为"高校党委承担管党治党、办学治校主体责任,把方向、管大局、作决策、抓班子、带队伍、保落实",删掉了原来的"按照党委领导下的校长负责制,发挥领导核心作用"的表述,实际上在党内法规层面给予了高校党委更大的政治权威,适应新时代高校政治形势的新发展;添加了第十条第六项"履行学校党风廉政建设主体责任,领导、支持内设纪检组织履行监督执纪问责职责,接受同级纪检组织和上级纪委监委及其派驻纪检监察机构的监督";第十条第七项中补充要落实意识形态工作责任制,维护学校安全稳定;第十条第九项中增加了加强党外知识分子工作和党外代表人士队伍建设以及民族宗教工作的内容;新增第三十五条,强调按照社会主义政治家、教育家标准,选好配强高校党委书记、校长,明确了党委成员构成,"学校行政领导班子成员是党员的,一般应当进入党委常委会或者不设常委会的党委"。

特别突出高校院(系)党组织的政治功能。一是第二章第七条中补充说明了院(系)党组织每届任期一般为5年;第九条新加"可以依托重大项目组、科研平台或者学生社区等设置师生党支部,注重在本专科低年级建立党的组织、开展党的工作"。二是在第三章第十一条明确了高校院(系)党组织的政治功能的内容,"院(系)级单位党组织应当强化政治功能,履行政治责任,保证教学科研管理等各项任务完成,支持本单位行政领导班子和负责人开展工作,健全集体领导、党政分工合作、协调运行的工作机制。"三是第十一条第二项在坚持"增加通过党政联席会议，讨论和决定本单位重要事项"的表述外，新增"召开党组织会议研究决定干部任用、党员队伍建设等党的建设工作。涉及办学方向、教师队伍建设、师生员工切身利益等事项的，应当经党组织研究讨论后，再提交党政联席会议决定"。同时删掉"支持本单位行政领导班子和负责人在其职责范围内独立负责地开展工作"，进一步明确了高校院系党组织的政治把关作用。四是在第十一条第四项新增了政治把关的内容："加强师德师风建设，落实意识形态工作责任制。把好教师引进、课程建设、教材选用、学术活动等重要工作的政治关。"五是在第十一条第五项强调了党管人才，充实了"做好人才的教育引导和联系服务工作"的内容，另外，第六章干部和人才工作进一步充实了第三章第十一条关于党管人才的内容："院（系）级单位党组织在干部队伍建设中发挥主导作用"。六是在党组织自身建设方面，在第十一条第三项增加了"建立健全党支部书记工作例会等制度"的内容，为高校院（系）党组织发挥政治核心作用提供了新的制度规范。由此可见，党政联席会议讨论和决定学院工作的重要事项，对学院重要事项具有决定权的政治权威具有法理依据。高校院（系）党组织政治核心定位与政治保障功能密不可分，其发挥政治功能的关键在于协调统筹与党政联席会的权责划分、工作流程。

尤为重视教职工党支部的政治把关作用。一是增加了党员先进性内容，党支部要"在完成教学科研管理任务中发挥党员先锋模范作用"；二是提出政治把关的具体内容："参与本单位重大问题决策，支持本单位行政负责人开展工作，对教职工职称评定、岗位（职员等级）晋升、考核评价等进行政治把关"，删掉了"要支持本单位行政负责人的工作，经常与行政负责人沟通情况，对单位的工作提出意见和建议"；三是强化教师思想政治工作作为党的建设重要抓手，"加强师德师风建设，有针对性地做好思想政治工作"；四是提出了教职工党支部的政治任务，

"围绕本单位改革发展稳定等开展工作，落实立德树人根本任务，发挥教育管理监督党员和组织宣传凝聚服务师生员工的作用。"

进一步突出了政治监督的作用。《条例》第四章党的纪律检查工作从维护党德党誉的角度出发，严防高校党组织和党员党纪荡然的情况。第十四条强调："上级纪委在监督检查、纪律审查等方面强化对高校纪委的领导。实行向高校派驻纪检监察机构的，派驻纪检监察机构根据授权履行纪检、监察职责，代表上级纪委监委对高校党委进行监督。"第十五条强调高校党委视具体情况在院（系）级单位党委设立纪委或者纪律检查委员。党的总支部委员会和支部委员会设纪律检查委员。第十六条明确高校纪委是高校党内监督专责机关，履行监督执纪问责职责，主要任务要维护党章和其他党内法规，检查党的路线方针政策和决议的执行情况，协助高校党委推进全面从严治党、加强党风建设和组织协调反腐败工作等，明确纪委的工作责任，突出了政治监督重任。第三十六条明确"高校党的建设和思想政治工作情况应当纳入巡视巡察"。

深化了高校党组织对群团工作的政治领导。《条例》第八章专门论述党组织对群团组织的领导，其中在群团组织构成中增加了妇女组织，强调高校党委要研究关注学生会和学术组织的重大问题，单独列出要"加强学生社团管理"这一共青团直接发挥指导作用的工作范畴，"学校团委和有关部门要在党委领导下把握学生社团建设和发展的方向""高校党委要把加强和进学生社团工作作为学校贯彻党的教育方针、推进素质教育的重要组成部分，纳入学校整个工作计划之中"①。需要强调的是，《条例》删掉了"独立自主地"开展工作的表述。另外，第五章党员党务建设第二十四条新增了党员发展的重要规定："将团组织推优作

---

① 《共青团中央、教育部关于加强和改进大学生社团工作的意见》（2005年1月13日），见《加强和改进大学生思想政治教育重要文献选编（1978—2014）》，北京：知识产权出版社2015年版，第286页。

为确定学生入党积极分子的重要渠道。建立从高中到大学、从大学到研究生阶段入党积极分子接续培养机制,加大在高校低年级学生中发展党员力度。"

强调了高校党的建设的特殊性,强化了各级党委对高校党的建设的政治保障。《条例》第九章领导和保障新增了明确地方党委将高校党的建设纳入整体部署的内容,新增第三十三条:"各级党委及其有关部门、有关国家机关党组(党委)应当把高校基层党组织建设作为党建工作的重要内容,摆在突出位置,纳入整体部署,坚持属地管理原则,坚持管班子管业务与管党建管思想政治工作相结合,形成党委统一领导,教育工作领导小组牵头协调,纪检机关和组织、宣传、教育工作等部门密切协作、齐抓共管的工作格局。"第三十四条进一步明确了地方党委的相关职责:"各级党委及其有关部门、有关国家机关党组(党委)应当合理设置负责高校党建工作的部门和机构,各级党委教育工作部门应当由内设机构具体承担高校党建工作职能,配齐配强工作人员。"

第二章 新时代高校党建的价值意蕴之一：全面提高人才培养能力，培养社会主义建设者和接班人

党内法规以党的政治属性为基础。2021年4月新修订的《中国共产党普通高等学校基层组织工作条例》（以下简称《条例》）是党的十八大以来高校党的建设实践探索和制度建设的重要成果，是新时代高校党的建设的基本遵循，为党务工作者和党的理论工作者提供了研究高校党的建设的基础文本。切实扼要的法规文本本身也来自高质量的党内生活，"只有将党内法规现象放在历史的过程中去研究，才能准确把握其内在实质和发展逻辑"。① "党内法规制度源于党的领导和党的建设工作实践。绝大多数党内法规制度安排都是一种针对实践需求的回应，是在科学理论指引下去总结实践经验，而非源于纯粹的理论假设。"② 《条例》的呈现样态和演化路径既受到法规原理和内在规律的影响，更是由高校党建工作实践发展支配。因此，我们要归纳《条例》话语的历史生成和历史嬗变的政治逻辑，并尽力提炼出一定的规律性、演进性特征，

---

① 宋功德、张文显：《党内法规学》，北京：高等教育出版社2020年版，第11页。
② 宋功德：《党规之治——党内法规一般原理》，北京：法律出版社2021年版，第307页。

就必须依靠核心概念的建立、阐释、联系、评价,并分析党务关系的特征和要素,进而证成《条例》背后的政治立场,在这一研究进路的指引下,梳理尽可能丰富的历史素材,提升学理分析的诠释力。

治本于道,道载诸经。大学产生于人类理性战胜虔信宿命的历史过程,"以其广泛而扎实的科学研究拓宽了知识的领地,把人们对自然和社会的认识推行深入"①。在新中国教育理想的晴曛中,"政权工农化、劳动全民化、教育普及化、学习普遍化是社会主义现代化的重要特点。"② 如今,人们对大学的现实场景已经有诸多共识:人才培养的基地、科学研究的"殿堂"、政策咨询的智囊,等等,但是要说清楚中国社会主义大学的特点,不同的学科有各自的话语体系。而各方对办学方向是教育的核心这一命题有完全的共识,忽视或弱化对办学方向的理解和阐释,就会在"培养什么样的人、怎样培养人、为谁培养人"这一教育根本上犯错误,发生偏向的大问题。社会主义办学方向,是新时代坚持和发展中国特色社会主义教育的根本原则,深刻反映了中国共产党在教育方向上的政治选择。所谓"本立而道生"③,社会主义办学方向就是"本"。办好中国特色、世界水平的现代教育,最重要的就是在事关办学方向的问题上站稳立场。要说清中国特色社会主义大学的政治属性,阐明高校党的政治建设的症结所在,归根到底,要回到为党育人、为国育才的政治使命上来,要解决培养德智体美劳全面发展的社会主义建设者和接班人的问题。

《条例》在培养目标上将"德智体美全面发展的中国特色社会主义合格建设者和可靠接班人"修改为"德智体美劳全面发展的社会主义建

---

① 阎光才:《识读大学:组织文化的视角》,北京:教育科学出版社2002年版,第34页。
② 高放:《社会主义运动从理论到实践的转变(1948—1917)》,北京:北京师范大学出版社2018年版,第452页。
③ 孔子:《论语》,肖卫译注,北京:中国文联出版社2016年版,第1页。

设者和接班人",增加了"劳动",更加符合自由全面发展的共产主义目标;删掉了"中国特色",则更加凸显了社会主义建设者和接班人的政治属性。建设新时代中国高等教育质量文化有了更加全面准确的人才培养目标,承继了"有理想、有道德、有文化、有纪律的社会主义事业的建设者和接班人"①的目标特征,更是遵循了以习近平同志为核心的党中央对高校人才培养方向的重要论述。

2016年12月,习近平总书记在全国高校思想政治工作会议上就社会主义大学的培养目标给出了明确的答案:"我国高等教育肩负着培养德智体全面发展的社会主义事业建设者和接班人的重大任务,必须坚持正确的政治方向。"②党委要保证高校正确办学方向,掌握高校思想政治工作主导权,保证高校始终成为培养社会主义事业建设者和接班人的坚强阵地。2018年5月,习近平总书记在北京大学师生座谈会上强调,"古今中外,每个国家都是按照自己的政治要求来培养人的,世界一流大学都是在服务自己国家发展中成长起来的。我国社会主义教育就是要培养社会主义建设者和接班人。"③"要努力构建德智体美劳全面培养的教育体系,形成更高水平的人才培养体系。要把立德树人融入思想道德教育、文化知识教育、社会实践教育各环节,贯穿基础教育、职业教育、高等教育各领域,学科体系、教学体系、教材体系、管理体系要围绕这个目标来设计,教师要围绕这个目标来教,学生要围绕这个目标来学。凡是不利于这个目标的做法都要坚决改过来。"④

---

① 《中共中央关于加强党的建设几个重大问题的决定》(1994年9月28日),见《中央党内法规和规范性文件汇编》(下册),北京:法律出版社2017年版,第641页。
② 《把思想政治工作贯穿教育教学全过程》,见《习近平论党的宣传思想工作》,北京:中央文献出版社2019年版,第276页。
③ 《在北京大学师生座谈会上的讲话》,载《人民日报》,2018年5月3日,第2版。
④ 《培养德智体美劳全面发展的社会主义建设者和接班人》,见《十九大以来重要文献选编》(上册),北京:中央文献出版社2019年版,第647页。

2018年9月，习近平总书记在全国教育大会上强调：

  我国是中国共产党领导的社会主义国家，这就决定了我们的教育必须把培养社会主义建设者和接班人作为根本任务，培养一代又一代拥护中国共产党领导和我国社会主义制度、立志为中国特色社会主义奋斗终生的有用人才。这是教育工作的根本任务，也是教育现代化的方向目标。

进而提出五个"人"的工作目标，即以凝聚人心、完善人格、开发人力、培育人才、造福人民为工作目标，把培养德智体美劳全面发展的社会主义将建设者和接班人作为根本任务。① 由此可以得出，社会主义办学方向主要指人才培养的政治导向。

  我们的教育绝不能培养社会主义破坏者和掘墓人，绝不能培养出一些"长着中国脸，不是中国心，没有中国情，缺少中国味"的人！那将是教育的失败。教育的失败是一种根本性失败。我们决不能犯这种历史性错误！这是推进教育现代化、建设教育强国必须把握的大是大非问题，没有什么可隐晦、可商榷、可含糊的。②

社会主义建设者和接班人，定语就是"社会主义"，这是我们对培养什么人的本质规定。③ 为避免把社会主义大学的办学方向转变为简单

---

① 《习近平出席全国教育大会并发表重要讲话》，中国政府网，http://www.gov.cn/xinwen/2018-09/10/content_5320835.htm，2018年9月10日。
② 《培养德智体美劳全面发展的社会主义建设者和接班人》，见《十九大以来重要文献选编》（上册），北京：中央文献出版社2019年版，第647页。
③ 《培养德智体美劳全面发展的社会主义建设者和接班人》，见《十九大以来重要文献选编》（上册），北京：中央文献出版社2019年版，第648页。

质实的辞藻描述,我们力图从社会主义建设者和接班人的政治意蕴的角度阐释政治导向的具体内涵。"马克思主义是人民的理论,第一次创立了人民实现自身解放的思想体系。""马克思主义第一次站在人民的立场探求人类自由解放的道路,以科学的理论为最终建立一个没有压迫、没有剥削、人人平等、人人自由的理想社会指明了方向。"① 在马克思主义政党通过激烈的政治斗争取得国家政权的过程中,在政治舞台上竞逐的政治力量都提出了源自本阶级立场的教育主张。马克思把争取普及教育的斗争看作是争取劳动人民解放的总的斗争的重要组成部分,在《共产党宣言》中批判资产阶级的伪善说法时指出:

> 而你们的教育不也是由社会决定的吗?不也是由你们进行教育时所处的那种社会关系决定的吗?不也是由社会通过学校等等进行的直接的或间接的干涉决定的吗?共产党人并没有发明社会对教育的作用,他们仅仅是要改变这种作用的性质,要使教育摆脱统治阶级的影响。②

在《哥达纲领批判》中,马克思又明确地说"应当把政府和教会对学校的任何影响都同样排除掉"③。在反思资本主义时代的教育对工人政治素养的影响时,恩格斯指出,"工人之所以能够如此强烈地反抗有产者的暴政,应当归功于他们所受的教育,或者更确切地说,应当归功于他没有受过教育……智力教育已经如此有力地促进了英国资产者利己主

---

① 《在纪念马克思诞辰二百周年大会的讲话》,见《十九大以来重要文献选编》(上册),北京:中央文献出版社2019年版,第424页。

② 《共产党宣言》,见《马克思恩格斯选集》(第一卷),北京:人民出版社2012年版,第418页。

③ 《哥达纲领批判》,见《马克思恩格斯选集》(第三卷),北京:人民出版社2012年版,第376页。

义天性的发展,使他所有的热情都受利己心的支配,并把他的情感的全部力量集中在追求金钱这一点上。"① 《共产党宣言》中强调,"无产阶级将利用自己的政治统治,一步一步地夺取资产阶级的全部资本,把一切生产工具集中在国家即组织成为统治阶级的无产阶级手里"②。而要实现这一目标,必须"把教育同物质生产结合起来"③。

毛泽东同志提出"为教育新后代而努力"④,邓小平强调,"十一届三中全会确立的这条中国的发展路线,是否能够坚持得住,要靠大家努力,特别是教育后代。"⑤ 习近平在全国高校思想政治工作会议上指出,"我国有独特的历史、独特的文化、独特的国情,决定了我国必须走自己的高等教育发展道路,扎实办好中国特色社会主义高校。我国高等教育发展方向要同我国发展的现实目标和未来方向紧密联系在一起,为人民服务,为中国共产党治国理政服务,为巩固和发展中国特色社会主义制度服务,为改革开放和社会主义现代化建设服务。"⑥ 2019 年 3 月 18 日,习近平总书记在学校思想政治理论课教师座谈会上进一步强调,我们党立志于中华民族千秋伟业,必须培养一代又一代拥护中国共产党领导和我国社会主义制度、立志为中国特色社会主义事业奋斗终生的有用人才。⑦

---

① 《英国工人阶级状况》,见《马克思恩格斯选集》(第一卷),北京:人民出版社 2012 年版,第 104 页。
② 《共产党宣言》,北京:人民出版社 2018 年版,第 49 页。
③ 《共产党宣言》,北京:人民出版社 2018 年版,第 50 页。
④ 人民教育出版社教育室:《毛泽东 周恩来 刘少奇 邓小平论教育》,北京:人民教育出版社 1994 年版,第 197 页。
⑤ 《在武昌、深圳、珠海、上海等地的谈话要点》,见《邓小平文选》(第三卷),北京:人民出版社 1989 年版,第 381 页。
⑥ 《习近平在全国高校思想政治工作会议上强调 把思想政治工作贯穿教育教学全过程 开创我国高等教育事业发展新局面》,载《人民日报》,2016 年 12 月 9 日。
⑦ 《用新时代中国特色社会主义思想铸魂育人 贯彻党的教育方针 落实立德树人根本任务》,载《人民日报》,2019 年 3 月 19 日,第 1 版。

由此可见，无产阶级政党的创立者们在推翻旧统治的革命中就已经对新教育产生了强烈期待，共产党人的政治使命必然会投映到培养新后代的过程中。

第一节　坚持人民至上，办好人民满意的教育

近代大学的创办体现了中国人民对新文化、新知识的渴求，体现了"在苦难中觉醒的中华民族振兴教育、变革图强的愿望"①。西方研究者认为，"在一部分第三世界国家，当政治制度不稳定的时候，传统上倾向于推动社会性的建构行为，在这种情况下司法独立更为重要但也更难得到保证。"② 由此观之，旧中国大学的发展其中更多是社会性的建构行为，革命年代中国共产党在"白色区域"的高校建党很大程度上是为了增强政治斗争的能力和效果。周恩来指出了新中国成立之前近代高等教育发展的不足：

> 旧中国的高等学校，由于要适应帝国主义和国内反动统治的需要，畸形地集中在沿海大城市，而且大多数院系庞杂重复，培养目标笼统模糊。各科中工科所占的比重很小，教学内容绝大部分是袭用资本主义国家的一套。旧教育的这种情况根本不能适应我国建设社会主义的需要。③

---

① 《在庆祝北京师范大学建校一百周年大会上的讲话》（2002 年 9 月 8 日），见《十五大以来重要文献选编》（下册），北京：中央文献出版社 2011 年版，第 2553 页。
② ［美］罗伯特·E. 戈定：《牛津比较政治学手册》（上册），唐士其等译，北京：人民出版社 2016 年版，第 721 页。
③ 《周恩来教育文选》，北京：教育科学出版社 1984 年版，第 152 页。

旧中国的教育是为地主资产阶级所垄断的,从小学起,特别是从中学到大学和出国留学,劳动人民是很少有份的。新中国的情形就根本不同。我们的教育是属于劳动人民的。①

美国记者格兰姆·贝克在抗战期间曾经实地考察为避战祸内迁西南西北地区的中国高校,他这样描述:

1942年,成都已与沿海地区隔绝长达3年之久,流亡内迁的大学中,随校迁来的学生都已毕业了。成群的年轻人又考入了这些学校。但学生成分中,富家子弟的比例日益加大了。封建军阀、高利贷者、发国难财的、国民党军阀,所有这些人的子女的比例都加大了。当然,这些青年的在校表现和前途各不相同。可是就大多数人来说,他们都接受了父母为自己安排好的一切,把受教育当成了游戏,从中拣一些有兴趣或足资装点个人门面的东西,毕业之后就为自身和家庭的利益奋斗去了。成都一所教会学校的美籍课程注册主任满腹怨气地向我抱怨,在国难当头的第五个年度里,他们学校的毕业生去银行工作的最多。在毕业之前,她就陆续收到国民党银行或垄断企业招收会讲外语的秘书的函件,真像是从各方面送上门来的肥肉。教会学校毕业生去军队的很少。②

据此类证据,我们党从"政治清理"阶级压迫教育的视角提出,"国民党统治下一切文化教育机关,是操在地主资产阶级手里的。他们的教育政策,是一方面实行反动的武断宣传,以消灭被压迫阶级的革命

---

① 《周恩来教育文选》,北京:教育科学出版社1984年版,第154页。
② [美]格兰姆·贝克:《战时中国:一个美国人眼中的中国1940—1946》,朱启明、赵书翼译,北京:天地出版社2020年版,第10页。

思想,一方面实行愚民政策,将工农群众排除于教育之外。"① 另一方面,受英美自由办学传统影响的所谓"独立知识分子"刻意追求学生的政治思想教育方面的"中立性",比如以梅贻琦为代表的清华大学校方和一些院系的负责教授,都反对学生成为"不是左袒,便是右倾的人",而要求学生具有"超阶级""超党派"的"客观主义""自由主义"的精神。他们提出,不应该给学生以某种政治派别的思想,而是应该给学生一种判断的能力,让学生依靠这种能力去决定自己的政治方向。② 从当时西方国家办学经验看,"在1900年之前的30年时间里,新教精英渐渐跃升为美国社会的上层。随着迅速的工业化、城镇化以及美国经济的一体化,上层社会逐步发展出一整套制度,这套制度弥合了旧贵族与在镀金时代崛起的新贵在文化和社会事务上的分野,逐渐将美国塑造为一个统一的国家实体。"③ "教育制度——例如寄宿学校以及私立精英学院——起到了重要作用。确实,也正是在这一时期,哈佛、普林斯顿和耶鲁的学生开始对俱乐部变得痴迷。与此同时,东部大都市的上流人士也开始热衷于将自己的孩子送进三巨头。"④ 20世纪50年代哈佛大学校长科南特作为教育改革者,因为强调招生录取中的学业水平和学术成绩而备受赞扬,但同时有研究认为"哈佛对'付钱的主顾'持续不断的需求是其整个政策背后必须面对的严峻的物质现实。哈佛的发展仍旧严重依赖于其吸引东部上流社会子弟的能力;这一无情的现实从来没有远离过科南特的脑海。虽然他始终信奉贤能主义,但完全将其付诸实践仍然

---

① 人民教育出版社教育室:《毛泽东 周恩来 刘少奇 邓小平论教育》,北京:人民教育出版社1994年版,第8页。
② 清华大学校史编写组:《清华大学校史稿》,北京:中华书局1981年版,第116页。
③ [美]杰罗姆·卡拉贝尔:《被选中的:哈佛、耶鲁和普林斯顿的入学标准秘史》,谢爱磊、周晟、柳琳译,北京:中国人民大学出版社2014年版,第14页。
④ [美]杰罗姆·卡拉贝尔:《被选中的:哈佛、耶鲁和普林斯顿的入学标准秘史》,谢爱磊、周晟、柳琳译,北京:中国人民大学出版社2014年版,第15页。

有待时日"①。

　　新中国成立以后，中国共产党开始真正把高校的发展置于新国家的设计蓝图中，在穷国办大教育的伟大进程中，通过土改、诉苦、整党和三查等一系列政治运动，来不断强化师生对社会主义制度和新型大学的认同，实现了后进者政治立场的转变，知识精英不断向政党精英转化，努力从旧社会重轭下辛劳的劳动者中培养"无产阶级知识分子"，高校的知识青年则在社会主义新型大学成为接受新理论的第一批群众，政党精英与知识青年之间的互动，构成了共产党人的政治追求的传播与流通的一种循环路径，并逐步建立起一套较为成熟的高校管理体制。比如在1949年12月23日召开的第一次全国教育工作会议上，中央提出教育必须为国家建设服务，学校必须向工农开门。建设新教育要"以老解放区新教育经验为基础，吸收旧教育有用的经验，借助苏联经验，建设新民主主义教育"。②"教育工作的发展方针是普及与提高的正确结合，在相当长的时期内以普及为主，除了维持原有学校外，教育应着重为工农服务，学校要为工农子女和工农青年开门。创办人民大学、工农速成中学"③，参照抗大的教育方针，"坚定正确的政治方向，艰苦奋斗的工作作风，灵活机动的战略战术"④，在1950年创办中国人民大学时就特意强调了"有计划地培养建设骨干和为建设新的与改造旧的高等教育树立一个典型"⑤ 的任务。由此可见，新中国的高等教育同样有巨大的历史

---

① ［美］杰罗姆·卡拉贝尔：《被选中的：哈佛、耶鲁和普林斯顿的入学标准秘史》，谢爱磊、周晟、柳琳译，北京：中国人民大学出版社2014年版，第236页。

② 何东昌：《中华人民共和国重要教育文献：1949—1975》，海口：海南出版社1998年版，第7页。

③ 中央教育科学研究所：《中华人民共和国教育大事记：1949—1982》，北京：教育科学出版社1984年版，第8页。

④ 人民教育出版社教育室：《毛泽东 周恩来 刘少奇 邓小平论教育》，北京：人民教育出版社1994年版，第31页。

⑤ 《中国共产党中国人民大学组织史资料（1937年7月—1991年12月）》，北京：中国人民大学出版社1992年版，第243页。

惯性和鲜明的政治方向。

教育部第一任部长马叙伦阐述了新民主主义教育的总方针，他指出："代替这种旧教育的应该是作为反映新的政治经济的新教育，作为巩固与发展人民民主专政的一种斗争工具的新教育。这种新教育就是新民主主义的，即民族的、科学的、大众的教育。"[①] 以新中国成立后创办的第一所高等财经学校中央财经学院为例，其培养目标非常明确，在尚贤求才中生动体现了高校共产党人的政治追求与政治使命：

> 以马克思主义、列宁主义、毛泽东思想的基本理论教育为指导，结合各种社会活动和实际生活的锻炼，树立学生全心全意为人民服务的人生观。根据国家经济建设的需要，学习苏联先进经验，结合中国具体情况，授予系统的"学用一致"的、财政经济的专门科学知识，培养学生善于掌握国家财经政策和熟悉业务技术的能力。以富有爱国主义、劳动生产教育意义及养成集体观念的文娱、体育活动进行身心教育，健全学生的精神体魄，丰富学生的革命情感，使其毕业后能愉快地胜任祖国建设的艰巨任务。[②]

作为新中国成立后的第一部重要法典，《中国人民政治协商会议共同纲领》对教育问题给出了明确又富含深意的规定："给青年知识分子和旧知识分子以革命的政治教育，以应革命工作和国家建设工作的广泛需要。"[③] 一方面，明确了高校师生政治教育、政治训练、政治培养的必

---

① 何东昌：《中华人民共和国重要教育文献：1949—1975》，海口：海南出版社1998年版，第6页。
② 《中央财经大学六十年史》（上编），北京：中国财政经济出版社2009年版，第51页。
③ 中央教育科学研究所：《中华人民共和国教育大事记：1949—1982》，北京：教育科学出版社1984年版，第3页。

要性，避免"旧知识分子"惶然不辨方向；另一方面，以明确教育目的的方式阐明了社会主义教育事业的政治方向，即适应社会主义快速发展和建设社会主义政治文明的人才智力需要。

正如学者王亚南在评论封建官僚政治中谈到的，"中国政治自来就不许让人民具有何等基本权利观念，所以，任何基本权利被剥夺、被蹂躏，他们很少在法的范围内去考虑是非，至多只在伦理的范围去分别善恶"。① 新文化运动的战将鲁迅抨击没有抗争意识的沉默时，用"奴才总不过是寻人诉苦。只要这样，也只能这样"② 来刻画解放人民心智的迫切性。与救济苍生、百姓蒙恩、"自古有道之主，以百姓心为心，故君处台榭，则欲民有栋宇之安；食膏粱，则欲民有饥寒之患"③ 等传统救民思想不同，也迥异于"愚心躁欲之民壹意"④ 的管控思维，中国共产党是一支深深扎根于人民群众的政治力量，对人民既有朴素的感情，更有绝对的信任，毛泽东同志说："人民，只有人民，才是创造世界历史的动力"。⑤ 我们党来自人民、扎根人民、造福人民，全心全意为人民服务是党的根本宗旨，必须以最广大人民根本利益为我们一切工作的根本出发点和落脚点。⑥ 抗日战争时期，为实现中国共产党对抗日民族统一战线的政治领导，毛泽东同志强调共产党员要"依靠群众的多数，得到群众的拥护"⑦，"决不可脱离群众的多数，置多数人的情况于不顾，而

---

① 王亚南：《中国官僚政治研究》，北京：商务印书馆2010年版，第26页。
② 《聪明人和傻子和奴才》，见《鲁迅文学全集》（第7卷），北京：群言出版社2017年版，第109页。
③ 吴兢：《贞观之治》，上海：上海三联书店2013版，第84页。
④ 周晓露：《商君书译注》，上海：上海三联书店2014年版，第19页。
⑤ 《论联合政府》（1945年4月24日），见《毛泽东选集》（第三卷），北京：人民出版社1991年版，第1031页。
⑥ 《习近平谈治国理政》（第三卷），北京：外文出版社2020年版，第182页。
⑦ 《中国共产党在抗日时期的任务》（1937年5月3日），见《毛泽东选集》（第一卷），北京：人民出版社1991年版，第263页。

率领少数先进队伍单独冒进"①，"共产党员在民众运动中，应该是民众的朋友，而不是民众的上司，是诲人不倦的教师，而不是官僚主义的政客"②。1941年7月1日，刚刚经历了皖南事变的重创，中共中央就通过了《关于增强党性的决定》，强调必须警惕个别党员在特殊的革命环境下产生的"个人主义""英雄主义"等倾向，因为这与党的群众路线相背离，是一种缺乏党性的思想倾向。因此，塑造党员的群众意识，帮助广大党员站稳群众立场事关革命的成败。

如何服务人民、联系群众，毛泽东同志有很多重要论述，比如"一切为群众的工作都要从群众的需要出发，而不是从任何良好的个人愿望出发"，"凡是需要群众参加的工作，如果没有群众的自觉和自愿，就会流于徒有形式而失败"，做好群众工作有两条原则："一条是群众的实际上的需要，而不是我们脑子里头幻想出来的需要；一条是群众的自愿，由群众自己下决心，而不是由我们代替群众下决心"。③

相比之下，其他各类政党和政治组织对群众的认识仍未完全脱离"民为邦本"的儒家传统思想、"救亿兆之焚溺，扫氛昆于寰区"④ 的帝王思想或者"天命惟民"⑤ 的革命冒险主义，同盟会的革命烈士秋瑾曾说，"我同胞处于四面楚歌声里，犹不自知"，质疑"我父老子弟，其亦知今日之时势乎"⑥，革命党人的革命热情、牺牲精神、忘我境界都名垂

---

① 《中国共产党在民族战争中的地位》（1938年10月14日），见《毛泽东选集》（第二卷），北京：人民出版社1991年版，第526页。
② 《中国革命和中国共产党》（1938年10月14日），见《毛泽东选集》（第二卷），北京：人民出版社1991年版，第526页。
③ 《文化工作中的统一战线》（1944年10月30日），见《毛泽东选集》（第三卷），北京：人民出版社1991年版，第1013页。
④ 吴兢：《贞观之治》，上海：上海三联书店2013年版，第180页。
⑤ 龚翼星：《光复军志》，见《辛亥革命在上海史料选辑》，上海：人民出版社2011年版，第218页。
⑥ 《浙案纪略》，见《陶成章集》，北京：中华书局1986年版，第395页。

青史，实际的理论和行动确实更突出革命党自身的优越性和进步性，而一定程度上忽视人民群众的历史功能和磅礴伟力却也是历史事实。

还有一些政党比如中华民国工党、中国社会党等痴迷于"伟人路线""名人战略"，寄希望于所谓的军事实权派或割据势力的自我决心。中国国民党元老宋教仁寻求议会政治的出路时，也力图拉拢旧官僚和地方实力派来扩大党势。国民党号称自己是"最完美的现代式的群众的政党"①，但却公开吹嘘"中国国民党是中华民国的母亲"②，导致社会基盘与日俱窄。即使在国共第一次合作初期，国民党内对群众的认识也有相当的历史局限性，认为"革命事业，只有靠着国民中比较少数的革命分子去担任的，如必要靠着全国民都去革命然后革命，革命事业永无进动的希望，即使要靠着全国民中比较的多数方能革命，革命的进动，依然没希望"③。毛泽东同志高度评价曾加入同盟会后加入中国共产党的吴玉章同志，称"我们要学习他（吴玉章）的各方面的好处，但特别要学习他对于革命的坚持性。这是最难能可贵的一件事，这是我们党的光荣，这是中国革命的光荣"④，吴玉章在回首革命岁月时说道，"从前虽然对下层劳动人民的痛苦生活寄予极大的同情，搞革命就是为了要解救民众的苦难，但是总以为革命只能依靠少数知识分子职业革命家，没有看到广大人民中所蕴藏的伟大革命潜力。"⑤

---

① 寿华：《政党论》，见《中国政党学说文献汇编》（第三卷），北京：中国人民大学出版社2019年版，第200页。

② 甄绍权：《一个国家一个政党一个领袖》，见《中国政党学说文献汇编》（第三卷），北京：中国人民大学出版社2019年版，第298页。

③ 谭平山：《国民党改组中应注意诸点》，见《中国政党学说文献汇编》（第二卷），北京：中国人民大学出版社2019年版，第276页。

④ 《吴玉章寿辰祝词》（1940年1月15日），见《毛泽东文集》（第二卷），北京：人民出版社1996年版，第262页。

⑤ 吴玉章：《回忆"五四"前后我的思想转变》，见李新主编：《吴玉章回忆录》，北京：中国青年出版社1978年版，第111页。

在新型现代中国政治理想的框架下，人民精神面貌发生由内而外的深刻变化，在享有"真实、全面、广泛的自由"① 的基础上平视世界，办人民满意的高等教育，满足人民日益增长的对优质教育的期盼，是社会主义办学方向的题中之义，生动反映了人民至上的政治情怀。马克思主义政党的整个历史道路，"就是它对群众的影响不断加强的道路，就是它在社会生活的作用不断增长的道路。"② "革命的社会民主党汲取力量的主要源泉，正是工人群众的反抗精神。"③

全心全意为人民服务是中国共产党得以凝聚人心，发展壮大，取得政权的根本思想基础，也是中国共产党在执政地位上赖以经受住各种考验的必须具备的作风修养，更是共产党人最鲜明的政治品格。中国共产党高度重视作风修养和政治品格的问题，毛泽东同志说，"在为抗日民族统一战线和民主共和国的一切任务而奋斗时，共产党员应该做到最有远见，最富有牺牲精神，最坚定，而又最能虚心体会情况，依靠群众的多数，得到群众的拥护"④。习近平总书记指出："党的作风是党的形象，是观察党群干群关系、人心向背的晴雨表。党的作风正，人民的心气顺，党和人民就能同甘共苦。"中国共产党在优化政治生态、改进党的作风、提升党员修养的同时，也在不断维护党的形象，不断提高党的创造力凝聚力与战斗力。

不同于经济生产方式基本不变的封建王朝换代，也不同于中国近代以来的现代化浪潮催发的教育理念变革，"三座大山"被推翻、社会主

---

① 中共中央宣传部：《中国共产党的历史使命与行动价值》，北京：人民出版社2021年版，第21页。

② [苏] K. M. 谢戈列夫：《党的建设》，北京：求实出版社1983年版，第63页。

③ 《新的激战》（1901年6月），见《列宁全集》（第五卷），北京：人民出版社2013年第2版增订版，第11页。

④ 《中国共产党在抗日时期的任务》（1937年5月3日），见《毛泽东选集》（第一卷），北京：人民出版社1991年版，第263页。

义制度的根本变革、国人精神面貌的彻底改变、马克思主义执政党的鲜明特点,让新中国的高校在第一时间选择了人民至上的政治信仰,并在长期的办学实践中得以保持。虽然政权成立之初,极少数新解放区知识分子、高校管理者尚以"捧玺奉缓"的心态欢迎新天地的诞生,对社会主义中国的认识不充分,但是以满足人民需要、满足社会主义建设需要、满足共产主义理想需要的人民教育理念从一开始就植入了社会主义大学的基因。面对"三座大山"的政治奴役和近代民族衰乱带来的戳心的沉重,人民至上的情怀始终是社会主义中国的政治本色。"一定时代的革命思想的存在是以革命阶级的存在为前提的。"① 社会主义教育思想,是马克思主义在教育领域的具体体现,是我们党制定教育方针和政策的思想基础。② 有教育学者就认为,"当没有民族的高等教育话语就不能解决本民族的教育现实问题,因而建立我国本土性高等教育话语是中国当代学者的共识,是当代中国高等教育话语场域的主旋律。"③ 让劳工大众的子弟进入大学,打破小资产阶级和小生产者追求的世代簪缨的政治局面,是中国高校的精神原乡。

同时,高校培养目标的表述上加入了人民至上的教育元素:1954年4月1日至20日,高等教育部在北京召开全国高等财经教育会议。会议确定,财经学院为国家培养掌握经济命脉的企业管理人才和财经管理人才,综合大学政治经济学系为国家培养财经理论人才。④ 1954年4月26日至5月8日,高等教育部在北京召开全国政法教育会议。会议确定政

---

① 《关于费尔巴哈的提纲》,见《马克思恩格斯选集》(第一卷),北京:人民出版社2012年版,第179页。

② 李铁映:《努力把高等学校党的建设提高到一个新水平》,见《十一届三中全会以来重要教育文献选编》,北京:教育科学出版社1992年版,第491页。

③ 张灵芝:《话语分析与中国高等教育变迁》,北京:清华大学出版社2015年版,第82页。

④ 中央教育科学研究所:《中华人民共和国教育大事记:1949—1982》,北京:教育科学出版社1984年版,第100页。

法教育的方针任务应与政法工作在国家过渡时期的总任务相适应,有计划地培养热爱祖国、忠实于社会主义建设事业、具有坚定的工人阶级立场、掌握先进政法科学、熟悉政法业务的干部和法学家。① 1954年5月20日,高等教育部、第一机械工业部联合发出《关于哈尔滨工业大学工作的决定》,确定该校的任务是:培养忠于祖国社会主义事业的具有高度科学技术水平的工程师和高等工业学校师资。② 1954年10月27日至11月12日,高等教育部在北京召开第二次全国高等农林教育会议。指出,高等农林教育的基本任务是培养具有一定的马克思列宁主义水平、忠于社会主义事业、体格健全、掌握先进农林科学理论和技术的高级农林技术人才和管理人才。③ 北京航空航天大学(北京航空学院)根据中共中央关于知识分子问题的会议精神和十二年赶上世界先进科学技术水平的要求及根据国防建设的需要和学院的主客观条件,于1956年1月底成立了规划小组,开始着手制定十二年发展远景规划(草案),北航十二年发展远景规划的基本内容包括方针任务和具体措施两个方面。其方针任务是:"为适应国家社会主义建设的需要,遵照中央全面发展,提高质量的方针,依照理论联系实际的教育原则,在十二年内根据上级规定的数量,按计划培养能掌握航空科学上最新成就,能确实运用科学理论解决生产技术问题,有马列主义理论修养,有独立工作能力,忠于祖国、忠于人民,体魄健全,德才兼备的工程师、教师和科学研究人才。在第二个五年计划期间,做到毕业生大部分在政治及科学技术水平上接近苏联航空学院当时毕业生的水平,第三个五年计划期内,毕业生要达

---

① 中央教育科学研究所:《中华人民共和国教育大事记:1949—1982》,北京:教育科学出版社1984年版,第102页。

② 中央教育科学研究所:《中华人民共和国教育大事记:1949—1982》,北京:教育科学出版社1984年版,第103页。

③ 中央教育科学研究所:《中华人民共和国教育大事记:1949—1982》,北京:教育科学出版社1984年版,第115页。

到苏联航空学院当时毕业生的水平,以满足国家航空工业建设的需要。"①

1960年,中共中央在上海召开政治局扩大会议,给出了清晰的社会主义办学方案:"工农业生产的继续跃进和人民公社运动的继续发展,要求全党以最大的努力,加速技术革命和文化革命的进程,这就要求坚定不移地实行党所决定的教育与劳动生产相结合、教育为无产阶级政治服务、教育必须在党的领导之下和用'两条腿走路'的办法发展教育事业的方针。"②

改革开放之初,我们党就清醒地认识到:"对青年学生应有全面的、符合实际的估计,这是做好学生思想政治工作的基本出发点。中国革命和建设的历史证明,知识分子只有坚持正确的政治方向,同人民群众紧密地结合起来,并把书本知识与实际相结合,经过实践锻炼和考验,才能在政治上成熟起来,以自己的智慧和才能为人民作贡献。因此,高等学校学生还只是高级专门人才的预备队。"③ "在资本主义发展的过程中,教育上有它成功的一面,西方国家今天的经济、科技的发展是与它的教育联系在一起的。应该说,资本主义高等教育的合理部分、科学部分、先进部分,我们要学习、借鉴。同时也必须看到,资本主义高等教育的本质是为其社会的私有制服务的,是宣扬个人主义的,它的教育思想、教育制度都离不开其教育的本质。"④ 一段时间以来,教育产业化对人才培养有多重影响,"教育已不再仅仅是传授知识的行业,它越来越成为

---

① 北京航空航天大学校史编辑委员会:《北京航空航天大学校史:1952—1978》,北京:北京航空航天大学出版社1992年版,第76页。
② 《中共中央印发关于教育工作的指示(草案)的通知》,见《中共中央文件选集》(第33册),北京:人民出版社2016年版,第68页。
③ 《中共中央、国务院批转〈国家教委关于加强高等学校思想政治工作的决定〉的通知》(1986年5月29日),见《加强和改进大学生思想政治教育重要文献选编(1978—2014)》,北京:知识产权出版社2015年版,第48页。
④ 李铁映:《教育改革探索》(下卷),北京:人民教育出版社2011年版,第593页。

创新知识、创新人才的重要来源，成为一个国家最重要的基础性、先导性产业。"①

中国特色社会主义进入新时代，满足人民日益增长的对优质教育的需要，坚持以人民为中心发展高等教育，必须建构中国特色社会主义教育理论，并在党的指导下站稳政治立场，深化教育改革。"办好中国的世界一流大学，必须有中国特色。没有特色，跟在他人后面亦步亦趋，依样画葫芦，是不可能办成功的。这里可以套用一句话，越是民族的越是世界的。""我们要认真吸收世界上先进的办学治学经验，更要遵循教育规律，扎根中国大地办大学。"②

2016年12月，习近平总书记在全国高校思想政治工作会议上强调，教育发展方向要同我国发展的现实目标和未来方向紧密联系在一起，坚持"为人民服务，为中国共产党治国理政服务，为巩固和发展中国特色社会主义制度服务，为改革开放和社会主义现代化建设服务"的新要求。③坚持"四个服务"，是协调推进"五位一体"总布局和"四个全面"战略布局的要求，是统筹促进教育服务人的发展和教育服务社会发展的要求。"四个服务"揭示了我国教育的社会主义性质和方向。这其中，为人民服务，坚持以人民为中心发展高等教育，是高校党组织坚持政治方向、完成政治使命的原点。换句话说，社会主义建设者和接班人构成的人才队伍是以人民为中心的高等教育发展的成果，是高校基层党组织向全党全国人民提供的教育典范。习近平总书记主持召开中央全面

---

① 徐锡安：《认真落实科教兴国战略 加快北京高等教育改革和发展》（1999年2月3日），见《北京高等教育文献资料选编（1993—1999）》，北京：首都师范大学出版社2008年版，第754页。

② 《青年要自觉践行社会主义核心价值观》（2014年5月4日），见《十八大以来重要文献选编》（中册），北京：中央文献出版社2018年版，第9页。

③ 《习近平在全国高校思想政治工作会议上强调：把思想政治工作贯穿教育教学全过程 开创我国高等教育事业发展新局面》，载《人民日报》，2016年12月9日，第1版。

深化改革委员会第十六次会议强调,"'十四五'时期,要继续深化教育领域综合改革,全面贯彻党的教育方针,紧扣落实立德树人根本任务深化教育改革,努力构建德智体美劳全面培养的教育体系。要优化同新发展格局相适应的教育结构、学科专业结构、人才培养结构,统筹推进育人方式、办学模式、管理体制、保障机制改革。"①

新的发展阶段,"人民对美好生活的向往总体上已经从'有没有'转向'好不好',呈现多样化、多层次、多方面的特点,其中有很多需求过去并不是紧迫的问题,现在人民群众要求高了,我们对这些问题的认识和工作水平也要相应提高"②,社会主义大学面临新的期待和要求,必须"深刻认识和把握人民群众不断提高的教育期盼,推动教育改革发展成果更多更公平惠及全体人民"③。同时,马克思主义政党高度重视发挥高等教育的力量来教育人民。列宁说,"一切社会党人的不可推诿的和最基本的任务,即向群众揭示革命形势的存在,说明革命形势的广度和深度,唤起无产阶级的革命意识和革命决心,帮助无产阶级转向革命行动,并建立适应革命形势需要的、进行这方面工作的组织。"④ "没有群众的革命情绪,没有促使这种情绪高涨的条件,革命的策略是不能变为行动的"⑤。革命战争年代,毛泽东同志就强调"人人学会歼灭敌人、

---

① 《全面贯彻党的十九届五中全会精神 推动改革和发展深度融合高效联动》,教育部,https://www.moe.gov.cn/jyb_xwfb/s6052/moe_838/202011/t20201103_497920.html,2020年11月2日。

② 《新发展阶段贯彻新发展理念必然要求构建新发展格局》,见《十九大以来重要文献选编》(中册),北京:中央文献出版社2021年,第820页。

③ 《加快教育高质量发展》,教育部,https://www.moe.gov.cn/jyb_xwfb/gzdt_gzdt/moe_1485/202201/t20220117_594937.html,2022年1月7日。

④ 《第二国际的破产》(1915年5—6月),见《列宁全集》(第二十六卷),北京:人民出版社2017年版,第235页。

⑤ 《共产主义运动中的"左派"幼稚病》(1920年4—5月),见《列宁全集》(第三十九卷),北京:人民出版社2017年版,第43页。

唤起民众两套本领"①。"人民的觉悟不是容易的，要去掉人民脑子中的错误思想，需要我们做很多切切实实的工作"，"我们要在人民群众中间，广泛地进行宣传教育工作，使人民认识到中国的真实情况和动向，对于自己的力量具备信心"。②"先进部队的经常责任是把愈益广大的阶层提高到这个先进的水平"③。因此，高校党组织需要增强群众工作的本领，深入学习马克思主义群众观点，通过多种途径了解群众实际，汇集民智民力，增进了同广大师生的感情、拉近同教职工的距离，努力掌握贯彻群众路线的工作方法，自觉纠正联系服务群众中的问题和失误，不断强化宗旨意识。同时注意，"群众的意见一定不会都是正确的和成熟的。我们所谓的总结和集中，并不是群众意见的简单堆积，这里必须有整理、分析、批判和概括。"④ "凡属正确的领导意见，必须是从群众中集中起来，又向群众中坚持下去的意见。"⑤ "要避免盲目地摸索与乱闯，便必须善于向群众学习，善于去总结群众斗争经验，找出其教训与规律"，"把群众分散的无系统的意见，化为集中的系统的意见"。⑥ 特别是通过师生喜欢的传播方式和习惯的信息接收平台来向同辈青年宣传党的理论和路线方针政策，努力把基层党组织的工作变为身边群众的自觉行动。

---

① 《中国人民解放军宣言》（1947年10月10日），见《毛泽东选集》（第四卷），北京：人民出版社1991年版，第1239页。

② 《抗日战争胜利后的时局和我们的方针》（1945年8月13日），见《毛泽东选集》（第四卷），北京：人民出版社1991年版，第1131页。

③ 《进一步，退两步》（1904年2—5月），见《列宁专题文集（论无产阶级政党）》，北京：人民出版社2009年版，第255页。

④ 《关于修改党的章程的报告》（1956年9月16日），见《邓小平文选》（第一卷），北京：人民出版社1994年版，第219页。

⑤ 《共产党员应当善于向群众学习》（1943年6月），见《任弼时选集》，北京：人民出版社1987年版，第302页。

⑥ 《共产党员应当善于向群众学习》（1943年6月），见《任弼时选集》，北京：人民出版社1987年版，第303页。

第二节 锻造党领导下的"教育战线的革命战士"

教师之于社会主义教育发展的重要性不言而喻。一所高校能否不断发展提高，最主要的要看有没有一支政治上好、业务精深、结构合理、梯次配备的教师队伍。一个学科能否站得住，全国具有领先地位，必须要有公认的权威。"师资队伍建设的关键在于要有真正的带头人。建设政治素质过硬、业务能力精湛、育人水平高超的高素质教师队伍是大学建设的基础性工作。要从培养社会主义建设者和接班人的高度，考虑大学师资队伍的素质要求、人员构成、培训体系等。高素质教师队伍是由一个一个好老师组成的，也是由一个一个好老师带出来的。"①

《共产党宣言》中指出，"资产阶级抹去了一切向来受人尊崇和令人敬畏的职业的神圣的光环。它把医生、律师、教士、诗人和学者变成了它出钱招雇的雇佣劳动者"②，直指教师职业的德化规范。新文化运动鼓起了知识分子的斗争意识，鲁迅说，"战斗的无产者，只要所写的事可以成为艺术品的东西，那就无论他所描写的是什么事情，所使用的是什么材料，对于现代以及将来一定是有贡献的意义的。为什么呢？因为作者本身便是一个战斗者"③。中国共产党从建党之日起就宣布"彻底断绝同黄色知识分子阶层及其他类似党派的一切联系"④。这实际上为培养具有共产主义思想的新的教师骨干指明了方向。

---

① 《在北京大学师生座谈会上的讲话》，载《人民日报》，2018年5月3日，第2版。
② 《共产党宣言》，北京：人民出版社2018年版，第30页。
③ 《鲁迅文学全集》（第七卷），北京：群言出版社2017年版，第186页。
④ 《中国共产党的第一个纲领》，见《中国政党学说文献汇编》（第二卷），北京：中国人民大学出版社2015年版，第215页。

布什尔维克高度重视教师在新政权建设中不可替代的革命作用："重要的是要善于领导教师群众""几十万教师——这是一批应该推动工作、启发人们思想、同目前群众中还存在偏见作斗争的工作人员"。① 1939 年，斯大林在联共（布）第十八次代表大会上宣布"新的人民的社会主义知识界"已经产生，"新的苏维埃知识界"已经"形成和巩固"，并且断定"旧知识分子的残余已溶解在新的、苏维埃的、人民的知识分子中了"。②

> 要知道教育是一种武器，其效果是取决于谁把它掌握在手中，用这个武器去打击谁。当然，无产阶级、社会主义需要受过很高教育的人。很明显，蠢材是不能帮助无产阶级去争取社会主义，建立新社会的。我并不低估知识分子的作用，相反地，我却强调他们的作用。问题只在于，说的是哪一种知识分子，因为知识分子是有各种各样的。③

可见，马克思主义政党取得政权后，经过知识分子改造和培育新知识分子，建设包括高校教师在内的知识分子队伍，构成新的知识界，进而锻造党领导下的新知识界的革命战士具有政治必然性。

革命战争年代，中国共产党就把争取知识分子作为武装斗争胜利的重要政治基础，认识到，

> 半殖民地半封建国家的知识分子绝大多数是要革命的，许多革

---

① 《在全俄省、县国民教育局政治教育委员会工作会议上的讲话》(1920 年 11 月 3 日)，见《列宁全集》（第三十九卷），北京：人民出版社 2017 年第 2 版增订版，第 447 页。

② 《斯大林文选》，北京：人民出版社 1962 年版，第 234 页。

③ 《斯大林论教育》，北京：人民教育出版社 1984 年版，第 117 页。

命是靠知识分子来领导的。在中国，大部分的知识分子是可以为无产阶级服务的。现在各方面都在抢知识分子，国民党在抢，我们也要抢，抢得慢就没有了。日本帝国主义也在收买中国的知识分子为它服务。如果把广大知识分子争取到我们这里来，充分发挥他们的作用，那么，我们虽不能说天下完全是我们的，但是至少也有三分之一是我们的。①

同时强调"个个党员都要在行动上受党中央军队式的训练"②。毛泽东同志强调："一切知识分子，只要在为人民服务的工作中著有成绩的，应受到尊重，把他们看作国家和社会的宝贵的财富。"③ 同时，"文艺服从于政治，这政治是指阶级的政治、群众的政治，不是所谓少数政治家的政治。"④ "文化工作者必须有为人民服务的高度的热忱，必须联系群众，而不要脱离群众。要联系群众，就要按照群众的需要和自愿。一切为群众的工作都要从群众的需要出发，而不是从任何良好的个人愿望出发。"⑤

1942 年，毛泽东同志敏锐地发现了知识分子的政治变化，"和我们合作的知识分子不但是抗日的，而且是有民主思想、倾向于民主的。没有民主思想，他们根本就不会来。而且在和我们合作的人中，大多数人

---

① 《关于干部队伍建设的几个问题》，见《陈云论党的建设》，北京：中央文献出版社 1995 年版，第 97 页。

② 《关于共产党的组织章程决议案》，见《建党以来重要文献选编》（第一册），北京：中央文献出版社 2011 年版，第 163 页。

③ 《论联合政府》（1945 年 4 月 24 日），见《毛泽东选集》（第三卷），北京：人民出版社 1991 年版，第 1082 页。

④ 《在延安文艺座谈会上的讲话》（1942 年 5 月），见《毛泽东选集》（第三卷），北京：人民出版社 1991 年版，第 886 页。

⑤ 《文化工作中的统一战线》（1944 年 10 月 30 日），见《毛泽东选集》（第三卷），北京：人民出版社 1991 年版，第 1012 页。

的思想都变成了马列主义的思想,共产主义的思想,也就是说,大多数人变成了党员,他们的思想不但是抗日的、民主的,而且成了无产阶级的。"①

实际上,新中国成立后,社会主义新型大学创办伊始,就努力通过行政措施和政权培育的方式,"直接从工人和农民出身的干部和群众中培养自己的知识分子,力争使这部分知识分子不仅具备政治上可靠的特质,而且具备业务上过硬的能力,最终取代旧知识分子及旧知识分子中被成功改造的知识分子"。②

> 中国工人阶级也是从旧社会来的,不过跟知识分子不同,它经过现代化大生产的锻炼,体现了先进的思想和立场。知识分子的改造也要经过锻炼,经过学习,经过实践。知识分子到工厂去,到农村去,就是要学习工人阶级、劳动人民的思想和立场。这不仅是对党外知识分子说的,也包含党内的知识分子。③

这并不是否定知识分子的创新创造价值,而是体现了知识分子对革命的劳动者的身份定位认识不统一的问题,需要通过政治教育和政治学习进一步凝聚共识和各方力量。毛泽东同志说:"马克思列宁主义来到中国之所以发生这样大的作用,是因为中国的社会条件有了这种需要,是因为同中国人民革命的实践发生了联系,是因为被中国人民所掌握。任何思想,如果不和客观的实际的事物相联系,如果没有客观存在的需

---

① 《文艺工作者要同工农兵相结合》(1942年5月28日),见《毛泽东文集》(第二卷),北京:人民出版社1996年版,第425页。
② 张建华:《思想之镜——知识分子与苏联政治变迁(1936—1991)》,北京:社会科学文献出版社2016年版,第3页。
③ 人民教育出版社教育室:《毛泽东 周恩来 刘少奇 邓小平论教育》,北京:人民教育出版社1994年版,第221页。

要,如果不为人民群众所掌握,即使是最好的东西,即使是马克思主义,也是不起作用的。我们是反对历史唯心论的历史唯物论者。"① 同时,新中国成立初期,在接管高校的过程中,党组织重视落实党的知识分子政策,批判少数高校片面地和错误地执行党对知识分子的政策的情况,

"正确执行党对知识分子的政策,是办好学校的重要关键之一",特别强调,"今后高等学校的党组织和党员干部对于旧有教师,必须严格执行党对知识分子的争取、团结、改造的正确方针,做到在我党领导下,全体师生和新旧教师团结一致地把教育办好,而决不容许采取任何粗暴的态度和急躁的作法"。②

一九五七年以后,党对科学文化工作的领导进一步确立了。知识分子承认和接受党的领导,是党和人民的胜利,也是知识分子的光荣。必须肯定,党应该领导一切,党能够领导一切。现在的问题是如何领导一切?什么是一切?这个问题正在逐步解决。我们已经制定科学工作十四条、高等教育六十条、工矿企业七十条。③

改革开放新时期,中国共产党就将教育引导高校教师接受党的政治主张与培养和延揽教育人才密切联系起来。邓小平同志指出,"一个学校能不能为社会主义建设培养合格的人才,培养德智体全面发展、有社会主义觉悟的有文化的劳动者,关键在教师。"④ 邓小平同志还多次强调

---

① 《唯心历史观的破产》(1949年9月16日),见《毛泽东选集》(第四卷),北京:人民出版社1991年版,第1515页。
② 吴贻谷:《武汉大学校史(1893—1993)》,武汉:武汉大学出版社1993年版,第243页。
③ 《周恩来教育文选》,北京:教育科学出版社1984年版,第195页。
④ 《在全国教育工作会议上的讲话》(1978年4月22日),见《邓小平文选》(第二卷),北京:人民出版社1983年版,第108页。

要提高人民教师的政治地位和社会地位,"不但学生应该尊重教师,整个社会都应该尊重教师。我们提倡学生尊敬师长,同时也提倡师长爱护学生。"① 同时特别谈到了知识分子的政审问题,他说:"主要看本人的政治表现。政治历史清楚,热爱社会主义,热爱劳动,遵守纪律,决心为革命学习,有这几条,就可以了。"②

教师的政治素养对新时代的人才培养尤为关键,关系到青年群体对马克思主义的主动接纳、全面肯定、真诚信仰和自觉践行,关系到青年群体的凝聚力、意志力、行动力,更关系到党的组织活力和事业承继。从意识形态阵地建设的角度看,教师党员还要在话语体系、工作方法上积极主动适应学生特点,注意不要陷入感性直观的误区,不犯主观主义、经验观察的错误,深入了解青年学习生活的新空间,将其作为为我们党凝聚青年力量的新场域。

党在高校塑造革命的劳动者需要一个历史过程。现有对高校教师党员的学理分析更多从知识分子党员和青年党员的角度出发,突出在知识分子和先进青年中发展党的组织的历史考察,包括从党的知识分子政策的发展沿革、知识分子党员的阶级属性、知识分子党员的比重构成等角度。直接从高校教师党员的主体地位,分析高校党组织中的高校教师党员的作用发挥的研究较少,得出来的结论倾向于实际工作的内容调整,对高校教师党员主体地位的特殊性强调较少,从高校党的建设的角度看,教师的政治定位是回答政治方向的基点。

习近平总书记勉励广大师生,"教师是立教之本、兴教之源,承担着让每个孩子健康成长、办好人民满意教育的重任"。③ "今天的学生就

---

① 《在全国教育工作会议上的讲话》(1978年4月22日),见《邓小平文选》(第二卷),北京:人民出版社1983年版,第109页。

② 《在全国教育工作会议上的讲话》(1978年4月22日),见《邓小平文选》(第二卷),北京:人民出版社1983年版,第108页。

③ 《习近平向全国广大教师致慰问信》,载《人民日报》,2013年9月10日。

是未来实现中华民族伟大复兴中国梦的主力军，广大教师就是打造这支中华民族'梦之队'的筑梦人。"①"筑梦人"是对教师躬耕杏坛的职业描述，并非特指政治属性或政治形象。教师是人类灵魂的工程师，承担着神圣使命。传道者自己首先要明道、信道。习近平总书记强调："高校教师要坚持教育者先受教育，努力成为先进思想文化的传播者、党执政的坚定支持者，更好担起学生健康成长指导者和引路人的责任。"② 这是对教师政治身份的解释。不同于儒家传统文化推崇的恪守古典、沉潜学问的"芷兰"般虔诚读书人的形象或者才气横溢、骨气当当、洞世眼光等文学性主题衍生的德行操守，关于教育者工作者的政治定位和政治形象，邓小平同志一言以概之："为人民服务的教育工作者是崇高的革命的劳动者。"③ 我们由此可以概括出，高校教师是思想文化战线特别是教育战线的革命战士。

1953年5月29日，周恩来在政务院第一百八十次政务会议上讨论高等学校院系调整计划等问题时指出："过去一年高等学校院系调整的工作是有成绩的，这点应该肯定下来。这个成绩是随着各种社会改革而取得的，如果没有知识分子思想改造，没有土地改革、镇压反革命、抗美援朝等运动，高等学校的调整不会收到这样好的效果"。④

1953年5月28日，上海财经学院进行党的基本知识教育。这一活动共分义务、权力、民主集中制、群众路线和支部工作四个单元，有79人参加，其中正式党员8人，候补党员17人，积极分子54人。其间，

---

① 《做党和人民满意的好老师——同北京师范大学师生代表座谈时的讲话》，载《人民日报》，2014年9月10日，第2版。

② 《把思想政治工作贯穿教育教学全过程》，见《习近平论党的宣传思想工作》，北京：人民出版社2019年版，第278页。

③ 《在全国教育工作会议上的讲话》（1978年4月22日），见《邓小平文选》（第二卷），北京：人民出版社1983年版，第109页。

④ 中共中央文献研究室：《周恩来文化文选》，北京：中央文献出版社1998年版，第78页。

有 36 人被吸收为候补党员。① 学院党支部举办党课学习，旨在进一步认识党，认识共产主义的前途，批判非无产阶级思想，加强党性修养，并结合党的发展工作，了解和掌握积极分子的思想情况。学习内容共分社会主义与共产主义、党的性质、群众路线、民主集中制、党员标准及党员的权利与义务等五个单元。学习以听报告为主，结合自学和小组讨论。全体党员和部分积极分子参加。② 1953 年 11 月开始，高校以学习党在过渡时期的总路线作为政治学习主题，包括《关于国家社会主义工业化》《关于对农业的社会主义改造》和《关于对私营工商业的社会主义改造》的报告，批判了所谓"巩固新民主主义社会"的论点。这次学习于 1953 年年底告一段落，随后即开始学习《中国现代革命史》。③ 1955 年 2 月 5 日，上海财经学院党委书记姚耐作《努力培养青年一代的共产主义道德品质》的政治报告；④ 上海财经学院于 1955 年 11 月底在教职工肃反学习、学生政治时事学习的时间里，学习毛主席《关于作业合作化问题》的报告和《中共中央七届六中全会关于农业合作化问题的决议》。⑤

新中国成立之初，中共中央转发教育部党组《关于实用主义思想在中国教育中的影响和批判实用主义教育思想的初步计划》（以下简称《初步计划》）。教育部党组在《初步计划》中指出：在教育工作者中宣

---

① 上海财经大学党委办公室：《上海财经大学党史大事记：第一卷（1949—1987）》，上海：上海财经大学党委办公室 1993 年，第 24 页。
② 上海财经大学党委办公室：《上海财经大学党史大事记：第一卷（1949—1987）》，上海：上海财经大学党委办公室 1993 年，第 15 页。
③ 北京航空航天大学校史编辑委员会：《北京航空航天大学校史：1952—1978》，北京：北京航空航天大学出版社 1992 年版，第 41 页。
④ 上海财经大学党委办公室：《上海财经大学党史大事记：第一卷（1949—1987）》，上海：上海财经大学党委办公室 1993 年，第 33 页。
⑤ 上海财经大学党委办公室：《上海财经大学党史大事记：第一卷（1949—1987）》，上海：上海财经大学党委办公室 1993 年，第 39 页。

传唯物主义思想，批判资产阶级唯心主义的思想是进一步进行教师思想改造，完成普通教育根本改革的核心问题。并提出开展这一批判的时间暂定两年，即从一九五五年四月到一九五七年暑期。① 1955 年 5 月中下旬，上海财经学院教职员学习、讨论中共中央《关于宣传唯物主义思想和批判资产阶级唯心主义思想的指示》，批判了胡适的政治思想，着重批判其思想的理论基础——实用主义，以提高对这次思想运动重要性的认识。②

1956 年，周恩来同志说，"同解放初期比较起来，这个变化是很快的。例如，根据北京、天津、青岛四所高等学校对于一百四十一个教师的统计，过去六年中，进步分子有百分之十增为百分之四十一，落后分子由百分之二十八减为百分之十五。许多知识分子在我国伟大的社会主义改造和社会主义建设的事业面前，不能不日益受到强烈的影响，并且从中国的新生中看到全民族和他们自己互相关联的命运。"③

1957 年 2 月 27 日，毛泽东在扩大的最高国务会议上作《关于正确处理人民内部矛盾的问题》的讲话，在这个讲话中，他对各个部门放松思想政治工作的现象进行了严肃的批评。"在知识分子和青年学生中间，最近一个时期，思想政治工作减弱了，出现了一些偏向。在一些人的眼中，好像什么是政治，什么祖国的前途，人类的理想，都没有关心的必要。好像马克思主义行时了一阵，现在就不那么行时了"④，1957 年，毛泽东同志强调"广大的知识分子虽然已经有了进步，但是不应当因此

---

① 中央教育科学研究所：《中华人民共和国教育大事记：1949—1982》，北京：教育科学出版社 1984 年版，第 145 页。

② 上海财经大学党委办公室：《上海财经大学党史大事记：第一卷（1949—1987）》，上海：上海财经大学党委办公室 1993 年，第 35 页。

③ 人民教育出版社教育室：《毛泽东 周恩来 刘少奇 邓小平论教育》，北京：人民教育出版社 1994 年版，第 240 页。

④ 《关于正确处理人民内部矛盾的问题》（一九五七年二月二十七日），见《毛泽东选集》（第五卷），北京：人民出版社 1977 年版，第 385 页。

自满。为了充分适应新社会的需要，为了同工人农民团结一致，知识分子必须继续改造自己，逐渐地抛弃资产阶级的世界观而树立无产阶级的、共产主义的世界观。世界观的转变是一个根本的转变，现在多数知识分子还不能说已经完成了这个转变"①。"我们希望我国的知识分子继续前进，在自己的工作和学习的过程中，逐步地树立共产主义的世界观，逐步地学好马克思列宁主义，逐步地同工人农民打成一片"②。1957年以后的一段时间内，很多高校开展了《无产阶级专政的历史经验》及《再论无产阶级专政的历史经验》的学习及中共中央八届六中全会公报、中共中央八届八中全会公报和教育方针的学习。1960年开始组织全校师生学习《列宁主义万岁》《沿着伟大列宁道路前进》《在列宁革命旗帜下团结起来》，通过学习提高了广大师生政治理论水平和分辨大是大非的能力。③

1962年，周恩来从加强党对知识分子的领导的角度谈道："无产阶级对其他劳动者实行团结、教育、改造的方针，这主要是对农民和从旧社会来的知识分子说的。改造什么呢？改造非无产阶级的思想意识和习惯势力，使他们接受无产阶级的思想和观点。要求农民同农村中资本主义的自发势力的影响作斗争，要求知识分子改造资产阶级的思想体系和习惯势力"。④

回看新中国成立到1966年的高等教育发展史，这是高校知识分子难以忘却的一段历史记忆，也是党在领导高校工作中必须认真总结经验

---

① 人民教育出版社教育室：《毛泽东 周恩来 刘少奇 邓小平论教育》，北京：人民教育出版社1994年版，第208页。

② 《关于正确处理人民内部矛盾的问题》（一九五七年二月二十七日），见《毛泽东选集》（第五卷），北京：人民出版社1977年版，第385页。

③ 北京林业大学编辑部：《北京林业大学校史：1952—1992》，北京：中国林业出版社2002年版，第152页。

④ 人民教育出版社教育室：《毛泽东 周恩来 刘少奇 邓小平论教育》，北京：人民教育出版社1994年版，第270页。

教训的一段过程，同时，高校师生的群众意识和人民情怀得到迅速提高。2008年5月，中国内部审计协会副会长兼秘书长易仁萍在接受采访时回忆说：

"我于1962年考入中央财政金融学院会计系，1966年毕业，一生难忘在中财度过的快乐殷实的时光。特别是大三时遇到的'四清'运动，我和同学们分别在北京顺义和安徽的农村做工作。那时候，我们与农民同吃、同住、同劳动。撇开政治因素，这次运动加深了我们对基层农民的了解，推动了我们的成长与成熟，还增进了同学之间的友谊。"她没有对这项运动提出丝毫的抱怨，却把它看作是一个难得的实践机会，认识到深入实际对自己人生的积极作用。她还清晰地记得在艰苦的生活条件中，顺义的农民把省下来的细粮给他们吃，"在顺义的3个月农民对我们很好，经常把白面拿出来给我们包饺子"，话语中不时流露出感激之情。1964年5月8日到6月1日，63级同学299人和学院教师、干部35人，组成生产劳动大队，到双桥农场黑庄户分场万子营、四合庄、朗辛庄三个村四个生产队参加了23天的生产劳动，劳动结束后，师生共同撰写了《中央财政金融学院生产劳动大队参加双桥农场生产劳动的工作总结报告》，报告长达12000多字。尽管报告充斥着"左"的言论和观点，有形式主义的东西，但报告明确写道："通过劳动克服了轻视体力劳动和体力劳动者的观点，与人民群众建立了深厚的感情，增强了劳动观点和群众观点"，这应该是感情的真实流露。其次，同学们在实践中把自己在课堂学到的知识，应用于实际，可以进一步检验学习的程度，发现不足，有利于今后有针对性地学习。①

---

① 中央财经大学校史编写组：《中央财经大学六十年史》（上编），北京：中国财政经济出版社2009年版，第181页。

在拨乱反正的关键阶段，经过了政治运动洗礼的知识分子渴盼新时期的清荫，党的知识分子政策更加融合了教育战线的革命战士的政治定位，强调：

> 知识分子是脑力劳动者，从政治立场这个基本方面来看，绝大多数站在工人阶级立场上的，是无产阶级自己的一部分，是我们党的一支依靠力量。对于他们身上还存在的缺点、错误，要用批评和自我批评的方法加以解决。对于资产阶级世界观没有得到根本改造，或者受到资产阶级的影响比较深的知识分子，只要他们不是反党反社会主义的，也要按照党的团结、教育、改造的政策，发挥他们的专长，尊重他们的劳动，关心和热情帮助他们进步，不要嫌弃他们。①

在党对知识分子的领导中强调保障知识分子的政治待遇，"对于知识分子的政治待遇，也有一些地方需要加以改善。这里的主要问题是，是要消除许多单位对于知识分子的政治生活的不关心。有些知识分子埋怨我们一个长报告要他们听几次，但是更多的知识分子埋怨我们一年不让他们听一次报告。"② "继续帮助知识分子进行自我改造，是党在过渡时期的重要的政治任务之一"③。同时，党中央敏锐地发现了当时党管人才制度上的盲点，"现在有些人的成就外国人都公认，我们反而不了解，

---

① 《教育部关于讨论和试行全国重点高等学校暂行工作条例（试行草案）的通知》（1978年10月4日），见《加强和改进大学生思想政治教育重要文献选编（1978—2014）》，北京：知识产权出版社2015年版，第1页。

② 人民教育出版社教育室：《毛泽东 周恩来 刘少奇 邓小平论教育》，北京：人民教育出版社1994年版，第249页。

③ 人民教育出版社教育室：《毛泽东 周恩来 刘少奇 邓小平论教育》，北京：人民教育出版社1994年版，第250页。

说明我们的一些制度有缺陷，不能发现人才，要认真改进。"①

对那些在政治运动中"闯了天祸"的知识分子，邓小平说：

> 他们身上还存在着的缺点错误，那是教育、帮助的问题，要用批评和自我批评的方法来解决。没有缺点错误的人是没有的。我们这些人，我们政治工作干部，我们参加党几十年的老干部，不也存在着这样那样的缺点错误吗？为什么对这些业务干部、技术专家却要特别苛求呢！对于科学技术人员中出身不好、历史上犯过错误或家庭、社会关系有些问题的人，我们应当着重看他们自己的基本政治态度，看他们的现实表现，看他们对社会主义革命、社会主义建设所作的贡献。②

并且进一步明确和规范了知识分子政治教育和改造的方式：

> 对于他们（受到资产阶级思想的影响比较深的知识分子），只要不是反党反社会主义的，也要团结教育，发挥他们的专长，尊重他们的劳动，关心和热情帮助他们进步。毛泽东同志向来主张革命队伍的人越多越好，向来主张尊重那些有知识、有专长、有贡献的人，向来主张对犯过错误的人要一看、二帮，而不是嫌弃他们。③

同时，邓小平同志特别强调党在教育战线的革命战士要坚定政治

---

① 《教育战线的拨乱反正问题》，见《邓小平文选》（第三卷），北京：人民出版社1983年版，第70页。

② 《在全国科学大会开幕式上的讲话》，见《邓小平文选》（第二卷），北京：人民出版社1983年版，第93页。

③ 《在全国科学大会开幕式上的讲话》，见《邓小平文选》（第二卷），北京：人民出版社1983年版，第93页。

理想。

> 作为灵魂工程师，应当高举马克思主义的、社会主义的旗帜，用自己的文章、作品、教学、讲演、表演，教育和引导人民正确地对待历史，认识现实，坚信社会主义和党的领导，鼓舞人民奋发努力，积极向上，真正做到有理想、有道德、有文化、守纪律，为伟大壮丽的社会主义现代化建设事业而英勇奋斗。①

> 在思想政治方面肃清封建主义残余影响的同时，决不能丝毫放松和忽视对资产阶级思想和小资产阶级思想的批判，对极端个人主义和无政府主义的批判。是封建主义残余比较严重，还是资产阶级影响比较严重，在不同的地区和部门，在不同问题上，在不同年龄、经历和教养的人身上，情况可以很不同，千万不可一概而论。②

十三届四中全会后，党中央深刻反思"一些地方和单位党不管党、治党不严，纪律松弛、组织涣散，思想上组织上作风上存在着种种不容忽视的问题"③。针对高等学校中有极少数人顽固坚持资产阶级自由化思想，阴谋制造和煽动动乱，"是不是还有另外一种人，这种人骨子里从来就是仇恨新中国，仇恨社会主义，仇恨我们的党。新社会也有这样的人，如同鲁迅所说的：狮子身上也有害虫"④，特别提出这些人"不能代

---

① 人民教育出版社教育室：《毛泽东 周恩来 刘少奇 邓小平论教育》，北京：人民教育出版社1994年版，第124页。

② 人民教育出版社教育室：《毛泽东 周恩来 刘少奇 邓小平论教育》，北京：人民教育出版社1994年版，第122页。

③ 《中共中央关于加强党的建设几个重大问题的决定》（1994年9月28日），见《中央党内法规和规范性文件汇编》（下册），北京：法律出版社2017年版，第637页。

④ 《在鲁迅诞辰一百周年纪念大会上的讲话》，见《胡耀邦文选》，北京：人民出版社2015年版，第315页。

表我们的人民教师和爱国学生,而是广大师生中的败类。对于这些人,我们要根据中央和国务院有关文件的规定,严肃、认真、慎重地做好清查工作"①。党中央发出关于加强高等学校党的建设的重要通知,强调在新的历史条件下,每个共产党员都面临着严峻考验。高等学校党组织要对党员进行马克思主义基本理论、党的基本路线和党的基本知识教育,应当强调知识分子党员要自觉地改造世界观,成为名副其实的工人阶级先进分子。②

同时进一步强调要保障高校教师的政治待遇,全面贯彻党的知识分子政策,要"坚持做到政治、业务、生活待遇三方面一起抓。当前,要充分认识稳定教师队伍的重要性和迫切性,把教师的工资、住房、医疗、退休等问题摆到改革的重要议事日程上。通过政府财政和学校内部津贴等途径,积极改善教职工生活待遇。'八五'期间要按高校各自的财政渠道,努力使高校教师人均实际收入高于北京全民所有制企业职工平均水平,在国民经济12个行业中居中等偏上水平"③。

从第一次全国高校党的建设工作会议后,我们党把加强和改进师德建设作为全面贯彻党的教育方针的根本保证,鼓励引导高校教师努力实现成为"为人民服务的践履笃行的典范"④的新目标,进一步丰富了党领导下的教育战线的革命战士的内涵。从加强教师职业理想和职业道德教育的规范性文件来看,"教师要关爱学生,严谨笃学,淡泊名利,自

---

① 李铁映:《高等学校必须坚持社会主义方向》,见《十一届三中全会以来重要教育文献选编》,北京:教育科学出版社1992年版,第392页。

② 《中共中央关于加强高等学校党的建设的通知》(1990年7月17日),见《加强和改进大学生思想政治教育重要文献选编(1978—2014)》,北京:知识产权出版社2015年版,第101页。

③ 中共北京市委员会:《北京市人民政府关于加快北京高等教育改革和发展的决定》(1993年5月27日),见《北京高等教育文献资料选编(1993—1999)》,北京:首都师范大学出版社2008年版,第59页。

④ 《教育部关于加强和改进师德建设的意见》(2005年1月14日),见《加强和改进大学生思想政治教育重要文献选编(1978—2014)》,北京:知识产权出版社2015年版,第287页。

尊自律，以人格魅力和学识魅力教育感染学生，做学生健康成长的指导者和引路人"①，"广大教师要用好课堂讲坛，用好校园阵地，用自己的行动倡导社会主义核心价值观，用自己的学识、阅历、经验点燃学生对真善美的向往，让社会主义核心价值观润物细无声地浸润学生们的心田、转化为日常行为，增强学生的价值判断能力、价值选择能力、价值塑造能力，引领学生健康成长。"②"要按照各个学科的特点，引导学生正确认识在校学习与今后工作之间的关系，解决好为谁服务的问题。"③虽然没有明确将以人民为中心、人民至上的直接相关文字加入，但是价值引导与人民情怀的融合比比皆是。习近平总书记从学术眼界、学术品格、学术胸怀的角度强调了新时代教育战线的革命战士的特点，"教师是人类灵魂的工程师，承担着神圣使命。传道者自己首先要明道、信道。高校教师要坚持教育者先受教育，努力成为先进思想文化的传播者、党执政的坚定支持者，更好担起学生健康成长指导者和引路人的责任。"④"离开了祖国需要、人民利益，任何孤芳自赏都会陷入越走越窄的狭小天地。"⑤

第三节　凌云志——"新后代"的劳动本领与政治自由

培育合格接班人，提拔新生力量，砥砺气节、慕德励行，始终是党

---

① 《国家中长期教育改革和发展规划纲要》（2010—2020 年），见《加强和改进大学生思想政治教育重要文献选编（1978—2014）》，北京：知识产权出版社 2015 年版，第 410 页。

② 《做党和人民满意的好老师——同北京师范大学师生代表座谈会时的讲话（2014 年 9 月 9 日）》，北京：人民出版社 2014 年版，第 6 页。

③ 《中共中央关于改进和加强高等学校思想政治工作的决定》，见《十一届三中全会以来重要教育文献选编》，北京：教育科学出版社 1992 年版，第 304 页。

④ 《把思想政治工作贯穿教育教学全过程》，见《习近平论党的宣传思想工作》，北京：中央文献出版社 2019 年，第 278 页。

⑤ 《在纪念五四运动一百周年大会上的讲话》，见《十九大以来重要文献选编（中）》，北京：中央文献出版社 2021 年版，第 29 页。

中央和党的领袖高度关注的根本问题，高校人才培养的出口方向，接受了高等教育的具有社会主义政治地位特征的劳动者的质量直接关系到社会主义建设发展的水平质量。马克思在《哥达纲领批判》中提出："生产劳动和教育的早期结合是改造现代社会的最强有力的手段之一。"① 布尔什维克把"建立真正自由的劳动"② 作为夯实执政基础、扩大新政权影响力的重要政治理念，"全世界工人都将庆祝他们觉醒起来走向自觉的生活，庆祝他们在反对一切人压迫人、人奴役人的现象的斗争中，在争取千百万劳动人民摆脱饥饿、贫困和屈辱的斗争中的团结。"③ 列宁在劳动节纪念时说道：

> 劳动者过去处于受奴役的地位。现在，他们正走向工人革命，这一革命将建立一个没有地主和资本家的社会主义社会。帮助创建社会主义社会和世界苏维埃共和国这一莫大的光荣和幸福落到了俄国的身上。在国际劳动节，正当我们要向所有的人证明我们能够完成组织劳动者的社会主义社会这一任务的时候，我们来此立碑纪念卡尔·马克思④。

马克思主义政党激烈抨击资本控制下的教育对工人的精神戕害。"工人在这里听到的只是劝他们唯唯诺诺、任人摆布和听天由命的

---

① 《哥达纲领批判》，见《马克思恩格斯选集》（第三卷），北京：人民出版社2012年版，第316页。
② 《在劳动解放纪念碑奠基典礼群众大会上的讲话》（1920年5月1日），见《列宁全集》（第三十九卷），北京：人民出版社2017年第2版增订版，第97页。
③ 《五一节》（1904年1月4日和10日），见《列宁全集》（第八卷），北京：人民出版社2017年第2版增订版，第112页。
④ 《在卡·马克思纪念碑奠基典礼上的讲话》（1920年5月1日），见《列宁全集》（第三十九卷），北京：人民出版社2017年第2版增订版，第96页。

说教",①"最先和最容易接受社会主义思想的是条件最好的那部分工人","他们全心全意地献身于教育和组织无产阶级的事业",努力成为"工人知识分子"。②列宁在总结国际工人运动的历史贡献时谈道:"劳动反对资本的伟大斗争使各国工人付出了巨大的牺牲。他们为了捍卫自己过美好生活和享有真正自由的权利,已经留了许多血。"③列宁指出,要用军事的方法,尤其是用思想的方法、教育的方法同资产阶级进行斗争,"以便把工人阶级几十年来在争取政治自由的斗争中形成的习惯、风气和信念,用作教育全体劳动者的手段。"④新中国成立以来,中国共产党把劳动者的地位提升到了前所未有的政治高度,"我们必须给劳动者、特别是那些在劳动事业中有重大发明和创造的劳动英雄们和发明家们以应得的光荣,而给那些无所事事、不劳而食的社会寄生虫以应得的贱视。这就是我们的新道德标准之一。"⑤

恩格斯在《路德维希·费尔巴哈和德国古典哲学的终结》中谈到,"在社会历史领域内进行活动的,是具有意识的、经过思虑或凭激情行动的、追求某种目的的人;任何事情的发生都不是没有自觉的意图,没有预期的目的的"⑥,从辩证唯物主义历史观的角度阐明了人在历史规律中的主观能动作用,无产者的祝祷必须依靠劳动人民的长期奋斗积累才

---

① 《英国工人阶级状况》,见《马克思恩格斯选集》(第一卷),北京:人民出版社2012年版,第130页。

② 《俄国社会民主党中的倒退倾向》(1899年底),见《列宁全集》(第四卷),北京:人民出版社2013年第2版增订版,第234页。

③ 《五一节》(1904年1月4日和10日),见《列宁全集》(第八卷),北京:人民出版社2017年第2版增订版,第194页。

④ 《在全俄省、县国民教育局政治教育委员会工作会议上的讲话》(1920年11月3日),见《列宁全集》(第三十九卷),北京:人民出版社2017年第2版增订版,第443页。

⑤ 《在庆祝五一劳动节大会上的演说》,见《刘少奇选集》(下册),北京:人民出版社1985年版,第11页。

⑥ 《路德维希·费尔巴哈和德国古典哲学的终结》,见《马克思恩格斯选集》(第四卷),北京:人民出版社2012年版,第253页。

能转化为现实,正如恩格斯在《共产党宣言》1883 年德文版序言中总结到,"每一历史时代的经济生产以及必然由此产生的社会结构,是该时代政治的和精神的历史的基础。"①

两极分化是资本主义世界的常态。马克思在《资本论》中深刻指出,资本世界必然是一个两极分化的世界:一极是财富和奢侈的积累,另一极是"贫困、劳动折磨、受奴役、无知、粗野和道德堕落的积累"②。"在资产阶级社会里,资本具有独立性和个性,而活动着的个人却没有独立性和个性。"③ "在资产阶级社会里,活的劳动只是增值已经积累起来的劳动的一种手段。在共产主义社会里,已经积累起来的劳动知识扩大、丰富和提高工人的生活的一种手段。"④

同"保护和解放劳动者,就表现为保护和解放劳动本身"⑤ 一样,毛泽东同志强调,"工人阶级应该欢迎革命的知识分子帮助自己,决不可拒绝他们的帮助。因为没有他们的帮助,自己就不能进步,革命也不能成功"⑥。邓小平同志鲜明提出了社会主义的培养目标:"我们的学校是为社会主义建设培养人才的地方。培养人才有没有质量标准呢?有的,这就是毛泽东同志说的,应该使受教育者在德育、智育、体育几方面都得到发展,成为有社会主义觉悟的有文化的劳动者。"⑦ "剥削制度消灭了,剥削阶级作为阶级已经不再存在,他们中的绝大多数人已经改

---

① 《共产党宣言》,北京:人民出版社 2018 年版,第 7 页。
② 《资本论》(第一卷),北京:人民出版社 2004 年,第 744 页。
③ 《共产党宣言》,北京:人民出版社 2018 年版,第 44 页。
④ 《共产党宣言》,北京:人民出版社 2018 年版,第 43 页。
⑤ 李铁映:《劳动价值论笔记》,北京:人民出版社 2017 年版,第 16 页。
⑥ 人民教育出版社教育室:《毛泽东 周恩来 刘少奇 邓小平论教育》,北京:人民教育出版社 1994 年版,第 32 页。
⑦ 《在全国教育工作会议上的讲话》(1978 年 4 月 22 日),见《邓小平文选》(第二卷),北京:人民出版社 1983 年版,第 103 页。

造成为自食其力的劳动者。"①

在1958年6月的全国教育工作会议上陆定一指出：以前我们在教育中进行了革命，包括接收学校，进行思想改造，增加马列主义课程，建立党的组织，院系调整，教学改革等等，"从去年毛主席提出了培养有社会主义觉悟的有文化的劳动者的口号之后，我们在教育工作方面的革命走上了第二步，第二步革命不但要使政治与教育结合还要使教育与劳动结合。""教育与生产劳动结合是教育革命的主要内容之一。"②

1963年，周恩来在北京市高等学校应届毕业生大会上说：

> 教育为无产阶级政治服务，就是要使受教育的人具有社会主义觉悟，愿意为社会主义服务。教育与生产劳动相结合，也就是要使受教育的人经过生产劳动，锻炼成为一个既有社会主义觉悟又有文化的劳动者。当然，这里所指的劳动者是就广义而言的，包括体力劳动者和脑力劳动者。③

> 我们要建立无产阶级的思想感情，就要参加生产劳动，在向劳动人民学习生产知识的同时，学习他们淳朴的思想感情、语言和作风，从他们身上学到书本上学不到的东西。只要我们和他们在一起，久而久之，就能够发现他们的优点，从他们那里吸取营养，巩固我们的阶级立场。我们必须认识，有了劳动观点和劳动习惯，才能有正确的群众观点，才能真正到群众中去，和群众打成一片，而

---

① 《关于建国以来党的若干历史问题的决议》，见《两个历史问题的决议及十一届三中全会以来党对历史的回顾》，北京：中共党史出版社2013年版，第93页。
② 何东昌：《中华人民共和国重要教育文献：1949—1975》，海口：海南出版社1998年版，第836页。
③ 《周恩来教育文选》，北京：教育科学出版社1984年版，第206页。

不至于脱离群众。①

新时代以来,劳动者本色的教育成为高校人才培养的重要元素。政治自由建立在劳动本领基础上的劳动解放,社会主义大学要着重培养政治坚定的创造性劳动者。"只有在共同体中,个人才能获得全面发展其才能的手段,也就是说,只有在共同体中才可能有个人自由。"②"整个俄国社会主义的历史,决定了社会主义的最迫切任务是反对专制政府,争取政治自由。"③ 习近平总书记所说,"奋斗者是精神最为富足的人。艰苦奋斗是我们党的政治本色和优良传统"④。奋斗者首先要是劳动者,习近平总书记立足新时代的工人阶级的伟大历史作用,发表了新的重要论述,

> 我国工人阶级是我们党最坚实最可靠的阶级基础。我国工人阶级从来都具有走在前列、勇挑重担的光荣传统,我国工人运动从来都同党的中心任务紧密联系在一起。在当代中国,工人阶级和广大劳动群众始终是推动我国经济社会发展、维护社会安定团结的根本力量。那种无视我国工人阶级成长进步的观点,那种无视我国工人阶级主力军作用的观点,那种以为科技进步条件下工人阶级越来越无足轻重的观点,都是错误的、有害的。不论时代怎样变迁,不论社会怎样变化,我们党全心全意依靠工人阶级的根本方针都不能忘记、不能淡化,我国工人阶级地位和作用都不容

---

① 《周恩来教育文选》,北京:教育科学出版社1984年版,第212页。
② 《德意志意识形态》,见《马克思恩格斯选集》(第一卷),北京:人民出版社2012年版,第199页。
③ 《我们运动的迫切任务》(1900年11月初),见《列宁全集》(第四卷),北京:人民出版社2013年第2版增订版,第335页。
④ 《论中国共产党的历史》,北京:中央文献出版社2021年版,第254页。

动摇、不容忽视。①

恩格斯在《英国工人阶级状况》中分析了从劳动者的精神状态，与大工业生产背离的小生产者、小资产阶级只是有"谦逊恭顺"的态度，其精神生活囿于狭窄之地而死气沉沉，工人阶级在斗争中充满了丰富的阶级感情，展现了"顽强的、不可战胜的英勇气概"。② 因此，作为无产阶级先锋队的共产党人更应该明白"革命的坚定性"③，明白"共产主义就是利用先进技术的、自愿自觉的、联合起来的工人所创造出来的较资本主义更高的劳动生产率"④，每一名党员都要时刻保持干事创业的奋斗姿态，去参与到"能发挥自己能力，能表露出自己才干"⑤的工作中来。

  一定的社会关系又是以一定形态的知识为基础的。知识转型所伴随的必然是知识标准、知识结构、知识与社会的关系以及知识分子角色等等的转变，继而必然动摇建立于其上的整个社会关系，如政治关系、经济关系、文化关系等等，从而对教育的外部关系与内部关系产生相当的影响，推动着教育改革不断深化。⑥

---

① 《在庆祝"五一"国际劳动节暨表彰全国劳动模范和先进工作者大会上的讲话》，载《人民日报》，2015年4月29日，第2版。

② 《英国工人阶级状况》，见《马克思恩格斯选集》（第一卷），北京：人民出版社2012年版，第117页。

③ 龚树铎：《中国革命道德》（名言卷），北京：中共中央党校出版社1999年版，第298页。

④ 中共中央编译局：《马克思 恩格斯 列宁 斯大林论共产主义社会》，北京：人民出版社1958年版，第60页。

⑤ 中共中央编译局：《马克思 恩格斯 列宁 斯大林论共产主义社会》，北京：人民出版社1958年版，第53页。

⑥ 石中英：《知识转型与教育改革》，北京：教育科学出版社2001年版，第35页。

在最大的社会主义国家推进伟大事业，劳动者的劳动本领至关重要，面对更加强烈、更加全面的知识需求，必须从人民至上的价值立场和价值需要出发，对教育内容进行合理的筛选、传播和分配。"使新的知识型为人们所广泛认同和接纳的诸多社会因素中，教育是一种重要的作用，发挥着自己独特的作用。"① 2018年5月2日，习近平总书记在北京大学师生座谈会上强调，要培养造就一大批具有国际水平的战略科技人才、科技领军人才、青年科技人才和高水平创新团队，力争实现前瞻性基础研究、引领性原创成果的重大突破。②

我们一定要在全社会大力弘扬劳模精神、劳动精神，大力宣传劳动模范和其他典型的先进事迹，引导广大人民群众树立辛勤劳动、诚实劳动、创造性劳动的理念，让劳动光荣、创造伟大成为铿锵的时代强音，让劳动最光荣、劳动最崇高、劳动最伟大、劳动最美丽蔚然成风。要教育孩子们从小热爱劳动、热爱创造，通过劳动和创造播种希望、收获果实，也通过劳动和创造磨炼意志、提高自己。我们的根扎在劳动人民之中。在我们社会主义国家，一切劳动，无论是体力劳动还是脑力劳动，都值得尊重和鼓励；一切创造，无论是个人创造还是集体创造，也都值得尊重和鼓励。全社会都要贯彻尊重劳动、尊重知识、尊重人才、尊重创造的重大方针，全社会都要以辛勤劳动为荣、以好逸恶劳为耻，任何时候任何人都不能看不起普通劳动者，都不能贪图不劳而获的生活。③

---

① 石中英：《知识转型与教育改革》，北京：教育科学出版社2001年版，第37页。
② 《习近平关于北京工作论述摘编》，北京：中央文献出版社2021年版，第51页。
③ 《习近平在庆祝"五一"国际劳动节大会上的讲话》（2015年04月28日），中国政府网，http://www.gov.cn/ldhd/2009-04/28/content_1298865.htm，2015年04月28日。

2018年6月21日，教育部召开新时代全国高等学校本科教育工作会议强调："回归初心。要坚持正确政治方向，促进专业知识教育与思想政治教育相结合，用知识体系教、价值体系育、创新体系做，倾心培养建设者和接班人"① 2020年3月，中共中央、国务院下发《关于全面加强新时代大中小学劳动教育的意见》，提出要全面构建体现新时代特征的劳动教育体系，在学生中广泛开展劳动教育。2020年4月22日，《教育部等八部门关于加快构建高校思想政治工作体系的意见》明确指出，构建高校思想政治工作的目标任务是：

  健全立德树人体制机制，把立德树人融入思想道德、文化知识、社会实践教育各环节，贯通学科体系、教学体系、教材体系、管理体系，加快构建目标明确、内容完善、标准健全、运行科学、保障有力、成效显著的高校思想政治工作体系。②

2021年5月，教育部举行新闻发布会介绍劳动教育进课程教材情况时强调，要通过独立开设劳动教育必修课、在学科专业中有机渗透等途径，将劳动教育贯穿到学校教育各个方面，解决有教育无劳动的问题，努力克服有劳动无教育的问题。要注重全面提升学生劳动素养，防止把新时代劳动教育与过去的劳技训练混为一谈。③

---

  ① 《坚持以本为本 推进四个回归 建设中国特色、世界水平的一流本科教育》，教育部，https：//www.moe.gov.cn/jyb_xwfb/gzdt_gzdt/moe_1485/201806/t20180621_340586.html，2018年6月21日。

  ② 《教育部等八部门关于加快构建高校思想政治工作体系的意见》，中国政府网，http：//www.gov.cn/zhengce/zhengceku/2020-05/15/content_5511831.htm，2020年5月15日。

  ③ 杨利：《教育部：防止把新时代劳动教育与过去的劳技训练混为一谈》，新京报，https：//www.bjnews.com.cn/detail/162977269814346.html，2021年8月24日。

第四节 激发学术理想，
建设党的理论队伍

高校的文化交锋不仅起源于党在新时期对新式知识分子的政治引导，也由于不同知识的交流融合产生了不同主体对政治承诺的差异理解，在研究形式、学术价值、成果考评的调整中重构了多种政治精神，"人类文化形态的多样性就决定了人类知识形态的多样性"①。"克服对外来知识的依附，必须重视本地区已经有的知识资源并进一步提高本地区的知识生产能力。对外来知识的依赖是造成对外来政治和经济势力依赖的一个主要原因。"②

高校在特色发展过程中，作为思想文化交锋的场域，同样产生政治道德判断的依据。"在一定的社会生产关系中，作为政治正义具象化的公平公正的政治境界的现成，安定和谐的政治秩序的创设，在一定意义上取决于政治主体的道德判断，因为政治道德首先体现的是政治主体的道德判断能力，这种道德判断必然以正义的境界为标准，也就是说，政治主体的道德判断及其价值取向是否合理，最终要符合政治正义的应然性原则。"③马克思主义政党长期以"把党建设成为用科学理论和革命精神武装起来的、同人民群众有血肉联系的、思想上政治上组织上完全巩固的马克思主义政党"④为目标推动党的建设，更关注党员骨干的政治理论水平和政治知识储备，政治研究与政治讨论是党内生活的重要内

---

① 石中英：《知识转型与教育改革》，北京：教育科学出版社2001年版，第80页。
② 石中英：《知识转型与教育改革》，北京：教育科学出版社2001年版，第71页。
③ 王岩、李义：《马克思主义政治道德的学理透析与逻辑解读》，载《政治学研究》，2021年第5期。
④ 《习近平论中国共产党的历史》，北京：中央文献出版社2021年版，第53页。

容,党员干部在党内的声望常与理论水平挂钩。列宁强调:"只有以先进理论为指南的党,才能实现先进战士的作用"①,"没有革命理论,就不会有坚强的社会党,因为革命理论能使一切社会党人团结起来,他们从革命理论中能取得一切信念,他们能运用革命理论来确定斗争方法和活动方式;维护这个具有起码理解力的人都认为是正确的理论,反对毫无根据的攻击,反对败坏这个理论的企图,这决不等于敌视任何批评。"②

从党领导高等教育发展的历史来看,办好社会主义大学,全面落实立德树人根本任务基点就在于建设高校"党的理论队伍",建立中国特色社会主义学术批判与研究立论的新方式,传播更多承载中华文化、中国精神的价值符号和学术作品,在此基础上完善教师专业发展要求、教师绩效激励办法,用理论队伍的学理主张来印证夯实党的理论。从党的组织建设史看,理论队伍建设是重要内容。1955年,毛泽东同志强调,"我们党要在党内外五百万知识分子和各级干部中,宣传并使他们获得辩证唯物论,反对唯心论,我们将会造成一支强大的理论队伍,而这是我们极为需要的,这又是一件大好事。"③"我们现在有许多做理论工作的干部,但还没有组成理论队伍,尤其是还没有强大的理论队伍。"④ 必须采取切实措施,培养造就一批具有世界前沿水平的学科带头人。

党在高校的理论队伍需要进一步提升课程思政意识和能力,"要按照各个学科的特点,引导学生正确认识在校学习与今后工作之间的关

---

① 列宁:《怎么办?》(1901年秋—1902年2月),见《列宁专题文集(论无产阶级政党)》,北京:人民出版社2009年版,第25页。
② 列宁:《怎么办?》(1901年秋—1902年2月),见《列宁专题文集(论无产阶级政党)》,北京:人民出版社2009年版,第25页。
③ 《毛泽东选集》(第五卷),北京:人民出版社1977年版,第144页。
④ 《毛泽东选集》(第五卷),北京:人民出版社1977年版,第145页。

系，解决好为谁服务的问题"①，深入挖掘各门课程蕴含的思想政治教育内容，促进专业课与思想政治理论课同向同行，实现价值引领、知识教育、能力培养的有机统一。党在高校的理论队伍需要更深刻地理解党的创新理论的思想伟力并转化为教育科研的新动力，廓清困扰和束缚实践发展的思想迷雾。遵循学科发展规律把思想政治教育与业务教学工作结合起来。"在专业教学中渗透思想政治教育，坚定学生职业理想。各高校要倡导教师自觉地把思想政治教育同专业教育结合起来，在专业教学、认识实习、生产实习的各个环节中，积极介绍本行业在社会主义现代化建设中取得的辉煌成就以及面临的机遇和挑战，激发学生热爱所学专业，树立长远职业理想，增强学生投身本专业的使命感和自豪感。"②同时，党的理论队伍也必须强化理论创新能力，为实现新的理论创新创造和突破发现而努力。

从建设意识形态阵地的角度看，"在社会转型，特别是利益多元化、文化多元化、社会信息化的背景下，通过意识形态去维护或巩固政治正当性，显得越来越重要。意识形态本身有着诸多功能，诸如经济功能、文化功能等，但最直接、最重要的功能，还是政治辩护与批判功能。"③2021年，国家教材委员会印发《习近平新时代中国特色社会主义思想进课程教材指南》，把马克思主义中国化最新成果系统纳入各级各类学校课程教材。教育部选择确定了中华优秀传统文化、革命传统、劳动、总体国家安全观，以及国防、生命安全与健康等重大主题，研制进课程教

---

① 《中共中央关于改进和加强高等学校思想政治工作的决定》，见《十一届三中全会以来重要教育文献选编》，北京：教育科学出版社1992年版，第304页。
② 《教育部办公厅关于加强普通高等学校学生就业思想政治教育的通知》，见《加强和改进大学生思想政治教育重要文献选编（1978—2014）》，北京：知识产权出版社2015年版，第379页。
③ 戴木才：《中国特色政治伦理——中国共产党对执政正当性的探索》，北京：商务印书馆2019年版，第65页。

材指南或指导纲要。重大主题教育面向全体学生持续开展,贯穿各学段,覆盖各学科,党的理论队伍要不断探索"用学术讲政治",深刻理解掌握创新成果形成的现实逻辑、理论逻辑、内在逻辑。马克思主义学院在高校党的理论队伍建设中发挥重要作用。从高校办学实际来看,诸多高校提出了繁荣发展以马克思主义为指导的本校哲学社会科学体系的目标。学校党委主要领导参加思政理论课集体备课,党委领导同志参与授课,组成最强阵容,引领学校思想政治理论课建设,持续深化课程思政改革。同时,高校党的理论队伍要在严谨笃学中打造具有中国风格、中国气派的学术特色。中国近代人文社会科学的学术规范、问题意识、理论框架甚至叙述话语,基本上是从西方引进的,是西学东渐的结果。金融学者黄达就说,"说了上百年的'货币银行学'与商学院的'金融学'区别极大。用商学院的金融学打倒货币银行学,无异于关公战秦琼。问题是,"海归"多是理工科出身,到国外立即进了商学院,对中国经济生活里的金融实际运作和货币银行学科没有什么了解;而国内讲货币银行学的大多教师,没有摸进商学院金融学的门径,也无法厘清是非,保卫自己的阵地。中国的金融学人,在熟悉西方治学精神并不断自觉地领悟中华民族传统文化精髓的基础上,必将对世界金融学科的发展作出具有中国特点、中国风格、中国神韵的贡献。"①

从知识生产的视角看,"大学是一个开放的场所,权力、知识和文化在这里发生碰撞。作为知识生产的一个场所,大学又是权力和文化冲突的焦点。"②"在大学内部,相对于利益冲突而言,文化的冲突要更为激烈","文化冲突的形成得益于大学精神的自由、思想观念的开放和制度的民主,也只有在一个各种思想、文化观念相互碰撞的环境和范围

---

① 黄达:《黄达学术自传》,广州:广东经济出版社2020年版,第137页。
② [英]杰勒德·德兰迪:《知识社会中的大学》,北京:北京大学出版社2010年版,第19页。

中，创造性的胚芽才能得以孕育、生根、开花"。① 因此，讲彻底的理论，将理论讲彻底，是高校党的理论队伍的基本任务，注重理论研究的政治性、思想性、历史性，让各学科的思想结论与马克思主义基本理论彼此呼应。

---

① 阎光才：《识读大学：组织文化的视角》，北京：教育科学出版社2002年版，第150页。

第三章　新时代高校党建的价值意蕴之二：深化各级党组织的职责，强化教育质量的政治保证和组织保证

党内法规作为一种规范，应当符合党的领导和党的建设活动的行动逻辑，贴合政治实践，落脚到组织战斗力、凝聚力、创造力上。2021年5月新修订的《中国共产党普通高等学校基层组织工作条例》中新增的关于高校党组织工作的五项原则中，第一条就开宗明义地指出："坚持党管办学方向、党管干部、党管人才、党管意识形态，领导改革发展，把党的领导落实到高校办学治校全过程各方面，确保党的教育方针和党中央决策部署得到贯彻落实。"

中国特色社会主义是全面发展的社会主义。即使在最宽泛的政治蓝图下，教育也是关乎国运，关涉国本根基的大事业。列宁从政治方向的角度谈道："无产阶级，通过它的先锋队共产党和所有无产阶级组织，应当作为最积极最主要的力量参与整个国民教育事业。"[①] 党的政治领导，主要体现在党的路线、方针、政策等重大决策的领导，在政治立

---

① 《关于无产阶级文化》（1920年10月），见《列宁全集》（第三十九卷），北京：人民出版社2017年第2版增订版，第374页。

场、政治方向、政治原则、政治道路方面的领导。①"现代政治是政党政治,要治理社会、改造社会必须依靠政党去掌握国家政权,实行自己的政纲"。②党的教育方针是党的政治纲领在教育领域的直接反应,"集中体现了不同时期革命和建设事业对教育的要求,代表了国家教育工作的战略指向,为制定各项教育政策提供了基本依据"③。只有坚持和加强党对教育工作的领导,才能真正把党的教育方针落到实处。

中央办公厅负责人就《中共中央关于加强党的政治建设的意见》答记者问时强调：

> 党是最高政治领导力量,党的领导必须落实和体现到各方面各环节。在这个问题上,曾一度存在模糊甚至错误的认识和做法,有的认识不清、底气不足、能力不够、含糊其辞不敢领导、不会领导；有的只讲业务、不讲政治,弱化党的领导,党的领导在一些地方和单位落虚落空了。④

习近平同志强调,"建设好党的组织体系这座大厦,要让组织体系的经脉气血畅通起来,让党支部强起来。"⑤观察党的自身建设史,党的领导"是党由它考虑到具体的历史情况和它所面临的任务而创造性地加

---

① 《新时代党的政治建设十讲》编写组：《新时代党的政治建设十讲》,北京：红旗出版社2019年版,第58页。

② 高放：《社会主义运动从理论到实践的转变（1948—1917）》,北京：北京师范大学出版社2018年版,第53页。

③ 陈至立：《教育文集》（中）,北京：高等教育出版社、人民教育出版社2016年版,第197页。

④ 任仲文：《加强党的政治建设学习读本》,北京：人民日报出版社2019年版,第17页。

⑤ 《在中央和国家机关党的建设工作会议上的讲话》,载《求是》,2019年第21期。

以发展的"①。"大学既是知识的机构也是现代民族国家认知结构形成的主要参与者。现代性的认知状态被封闭在现代大学的精神里，在现代大学里，知识被赋予了社会上的神圣功能，同时也从社会中获取了自治权。"②"党的基层组织由于承接了党的体制权威，作为上级组织的依靠对象，因此在基层治理中居于领导地位。"③"正确的路线方针政策制定之后，能否在社会的各个基层单位得到切实的贯彻执行，首先要依靠广大基层组织去宣传、动员、教育、组织和团结党员群众去付诸实践。如果没有党的基层组织直接、经常地用党的主张教育党员和群众，组织、引导他们贯彻落实党的方针政策，党的路线方针政策就很难变为广大党员和群众的共同认识和一致行动，党的领导不可能落到实处。"④ 因此，党要扎牢高校的政治根基，必须要靠严密的组织体系，充分发挥各级党组织的政治功能。努力把党员队伍的组织优势转化为发展优势，把党员队伍的组织资源转化为发展资源，把党员队伍的建设成果转化为发展成果。

1979 年，邓小平强调"在五四运动以来的六十年中，除了中国共产党，根本不存在另外一个像列宁所说的联系广大劳动群众的党。没有中国共产党，就没有社会主义的新中国"。"而粉碎'四人帮'以后特别是三中全会以后党的威信在全国人民中所以普遍提高，正是因为全国人民把他们对于前途的一切希望寄托在党的领导上。""在今天的中国，决不应该离开党的领导而歌颂群众的自发性。党的领导当然不会没有错误，而党如何才能密切联系群众，实施正确的和有效的领导，也还是一个必须认真考虑和努力解决的问题，但是这决不能成为要求削弱和取消党的

---

① ［苏］K. M. 谢戈列夫：《党的建设》，北京：求实出版社1983年版，第51页。
② ［英］杰勒德·德兰迪：《知识社会中的大学》，黄建如译，北京：北京大学出版社2010年版，第185页。
③ 何绍辉：《党建引领与城市社区治理质量提升》，载《思想战线》，2021年第6期。
④ 卢先福、张晓燕：《党的建设原理》，沈阳：白山出版社2002年版，第190页。

领导的理由。"①

李铁映同志在高校党委书记座谈会上提到，"高等学校党的地位和作用问题，是党的建设当中一个重要问题。高等学校是一个高知识阶层集中的领域，是教书育人的场所，国家教育方针能否在高校得到贯彻，直接关系到国家四化建设。"② 十三届四中全会后，高校党组织深刻反思党的建设和思想政治工作的不足和短板，"多年来，在党的建设问题上，始终存在着加强党的领导还是淡化党的领导，加强党的建设还是削弱党的建设的两种指导方针的矛盾和斗争……今后在党的建设中，继续清除淡化党的领导的错误思想的影响，仍是长期的任务。"③ "在经济、社会发展的每一关键时刻，党中央都从适应经济、科技、社会发展的总体形势出发，及时地为教育的发展指明了方向。实践证明，坚持党对教育的领导，坚持教育的社会主义方向，是教育事业发展的根本保证。"④

以习近平同志为核心的党中央高度重视党的领导的落地落实，强调"党的领导必须是全面的、系统的、整体的，必须体现到经济建设、政治建设、文化建设、社会建设、生态文明建设和国防军队、祖国统一、外交工作、党的建设等各方面"⑤。"准确把握党的领导、党的建设、全面从严治党、党风廉政建设和反腐败斗争之间的关系，明确内涵、厘清责任，增强党组织的责任意识和担当精神。"⑥ 同时，"影响党内政治生

---

① 《邓小平论党的建设》，北京：人民出版社1990年版，第55页。
② 李铁映：《教育改革探索》（上卷），北京：人民教育出版社2011年版，第153页。
③ 陈大白：《加强党的领导 充分发挥高校党组织的政治核心作用》（1991年6月21日），见《北京高等教育文献资料选编（1977—1992）》，北京：首都师范大学出版社2008年版，第884页。
④ 陈至立：《坚持党的领导是教育事业发展的根本保证》，见《陈至立教育文集》（中册），北京：高等教育出版社、人民教育出版社2016年版，第187页。
⑤ 《习近平谈治国理政》（第三卷），北京：外文出版社2020年版，第166页。
⑥ 《十八届中央纪律检查委员会向中国共产党第十九次全国代表大会的工作报告》，见《十九大以来重要文献选编》（上册），北京：中央文献出版社2019年，第59页。

活、政治生态的消极因素尚未根除,党的领导弱化、党的建设缺失、全面从严治党不力问题还没有彻底解决,有的党组织执行党章党规党纪不严格,贯彻党的路线方针政策不坚决、不到位。"①"党的十八大以来,在全面从严治党实践中,我们深刻认识到,党内存在的很多问题都同政治问题相关联,都是因为党的政治建设没有抓紧、没有抓实。""实践使我们深刻认识到,党的政治建设决定党的建设的方向和效果,不抓党的政治建设或背离党的政治建设指引的方向,党的其他建设就难以取得预期成效。"②

在党对教育工作的领导方面,习近平同志特别指出:"办好我国高等教育,必须坚持党的领导,牢牢掌握党对高校工作的领导权,使高校成为坚持党的领导的坚强阵地。"③ 按照字面意义理解,党对高校的领导看上去是政党与大学关系的基本范畴,而在马克思主义政党的理论与实践的框架下,更加强调无产阶级政党对高校进行政治领导、思想领导、组织领导的实现形式,因为"党的首要属性是政治属性,党员首要的身份是政治身份,党的领导的首要内容是政治领导"④。

高校的领导体制是高等教育体制的重要组成部分,关乎高校的社会主义办学方向,关乎高校内部治理结构的优化升级,关乎高校办学活力和社会影响力的持续扩大。⑤ 可见,党对高校的领导权主要体现为政治

---

① 《十八届中央纪律检查委员会向中国共产党第十九次全国代表大会的工作报告》,见《十九大以来重要文献选编》(上册),北京:中央文献出版社2019年,第59页。

② 《习近平关于"不忘初心、牢记使命"论述摘编》,北京:中央文献出版社,党建读物出版社2019年版,第121页。

③ 《把思想政治工作贯穿教育教学全过程》,见《习近平论党的宣传思想工作》,北京:中央文献出版社2019年版,第278页。

④ 《新时代党的政治建设十讲》编写组:《新时代党的政治建设十讲》,北京:红旗出版社2019年版,第1页。

⑤ 姚小玲、刘佳:《改革开放以来北京高校党建史》,北京:人民出版社2018年版,第127页。

领导，简单说**就是"管"**到位。深入来说，高校各级党要靠组织管理教育监督党员到位和组织宣传凝聚服务群众到位来履行政治责任，做实"政治名分"。

随着社会主义市场经济深入推进，按其政治质量及其内部统一团结等项情况来看，基层组织"从团结走向松散，政治生活的中心不断上移，基层的地位日趋低落，基层社会正在从'延安体系'下'团结的基层'转变成市场体系下'松散的基层'"①，党中央更加认识到，

> 越是改革开放，发展社会主义市场经济，越是加快高等教育的改革与发展，越要加强党对高等学校的领导，加强和改进党的建设和思想政治工作，充分发挥党的政治优势。②

> 依托这种广泛的、严密的、坚强的组织体系，党中央既可以"如身使臂、如臂使指"，灵活高效地进行指挥，使党的大政方针和决策部署及时地、不折不扣地贯彻落实到基层，又可以使党的组织和党员深深扎根人民，不断巩固党的执政根基。③

因此，只有培养出一流人才的高校，才能够成为世界一流大学；只有充分发挥中国特色社会主义教育的育人优势，才能培养出德才兼备的卓越人才；只有坚持党对高校的全面领导，才能真正激发社会主义高等教育的组织优势和政治优势。党的全面领导是具体的而不是抽象的。

---

① 鄢一龙、白钢、章永乐等：《大道之行：中国共产党与中国社会主义》，北京：中国人民大学出版社 2015 年版，第 107 页。

② 《中共中央组织部、中共中央宣传部、国家教育委员会关于印发〈关于新形势下加强和改进高等学校党的建设和思想政治工作的若干意见〉的通知》（1993 年 8 月 13 日），见《加强和改进大学生思想政治教育重要文献选编（1978—2014）》，北京：知识产权出版社 2015 年版，第 129 页。

③ 《中国共产党的历史使命与行动价值》，北京：人民出版社 2021 年版，第 50 页。

"基层组织不强,再庞大的组织体系也是'泥塑巨人'。"① 习近平总书记在分析苏联解体的原因时,特别指出了党组织凝聚力战斗力丧失的教训,"各级党组织几乎没任何作用了,军队都不在党的领导之下了"②。习近平总书记在十九届中央政治局第六次集体学习时强调:

> 加强党的政治建设就是要发挥政治指南针作用,引导全党坚定理想信念、坚定"四个自信",廓清思想迷雾,澄清模糊认识,排除各种干扰,把全党智慧和力量凝聚到新时代坚持和发展中国特色社会主义伟大事业中来;就是要推动全党把坚持正确政治方向贯彻到谋划重大战略、制定重大政策、部署重大任务、推进重大工作的实践中去,经常对表对标,及时校准偏差,坚决纠正偏离和违背党的政治方向的行为,确保党和国家各项事业始终沿着正确政治方向发展;就是要把各级党组织建设成为坚守正确政治方向的坚强战斗堡垒,教育广大党员、干部坚定不移沿着正确政治方向前进。对在政治方向上有问题的人,必须严肃批评教育,问题严重的要依照党纪进行处理。③

可见,党的政治建设成效关键体现在基层党组织政治效能上。在这一点上,西方政治学中"关于政治的一般理论都应该涉及每个这类组织的结构"④;马克思主义建党学说中关于"成熟的社会主义社会,是国家组织、社会组织和劳动集体的一个完整的体系,它们彼此不断相互作用,并构成一个统一的社会机体",只有共产党"才能保证这一机体进

---

① 任仲文:《加强党的政治建设学习读本》,北京:人民日报出版社2019年版,第95页。
② 《论中国共产党的历史》,北京:中央文献出版社2021年版,第5页。
③ 《增强推进党的政治建设的自觉性和坚定性》,载《求是》,2019年第14期。
④ [美]戈登·塔洛克:《官僚体制的政治》,北京:商务印书馆2010年版,第13页。

行协调而目标明确的活动"①，两者在这类结论上具有相似性和贯通点。

从高校自身发展特点来看，"大学高度的专业化及其不同部门间的松散状态，更增加了目标统合的难度。而相对统一的规范和标准存在，是目标确立的前提和条件。一般工业部门可以以产出和利润作为统整目标和评估目标达成情况的依据，但大学的产出是人的知识和能力以及研究成果"。② 找准问题、抽丝剥茧，从高校办学实践和党的建设要求来看，党的领导在高校能不能有效实现，取决于高校党的组织体系健不健全、党的建设抓得好不好。"政治工作和组织工作的统一，是党的领导的基本原则之一"。③ 因此，高校要真正成为坚持党的领导的坚强阵地，关键是强调校党委的领导核心作用、院系党组织的政治核心作用和党支部的战斗堡垒作用，高校党建工作，就是要让政治纪律、政治规矩与教育改革发展同向、满足人民教育的需求融入高校党组织和党员心中。

第一节　高校党委：领导核心与政治领导

《中国共产党普通高等学校基层组织工作条例》（以下简称《条例》）第三章第十条对高校党委的职责做了新的重要修订："高校党委承担管党治党、办学治校主体责任，把方向、管大局、作决策、抓班子、带队伍、保落实。"值得注意的是，《条例》删掉了原来的"按照党委领导下的校长负责制，发挥领导核心作用"的表述，实际上在党内法规层面

---

① [苏] K. M. 谢戈列夫：《党的建设》，北京：求实出版社1983年版，第62页。
② 阎光才：《识读大学：组织文化的视角》，北京：教育科学出版社2002年版，第100页。
③ [苏] K. M. 谢戈列夫：《党的建设》，北京：求实出版社1983年版，第49页。

给予了高校党委更大的政治权威，适应新时代高校政治形势的新发展。

高校党委对本校工作实行全面领导，对本校党的建设全面负责。①十三届四中全会后，我们党充分认识到，"加强高校党的建设的关键就是要把高校领导班子建设好，要保证高等学校的领导权掌握在忠于马克思主义的人手中。高等学校面临国际新技术革命和国际反动势力推行'和平演变'战略两个挑战的严峻形势，担负着为国家政治和社会的稳定、为坚持和发展社会主义制度，培养社会主义事业的合格建设者和可靠接班人的艰巨任务。"②

马克思主义政党高度警惕组织问题上的机会主义，列宁特别注重跟"内容比形式重要，纲领和策略比组织重要"③的机会主义思想做坚决斗争，认定"组织问题上的尾巴主义是无政府个人主义者的心理的自然的和必然的产物"④，"机会主义者都在竭力维护自治制，力图削弱党的纪律，把党的纪律化为乌有，他们的倾向到处都在导向瓦解组织"⑤。面对残酷的斗争形势，列宁更是明确提出，"无产阶级在争取政权的斗争中，除了组织，没有别的武器。"因为，无产阶级"被那种为资本的强迫劳动所压抑，总是被抛弃到赤贫、粗野和退化的'底层'，它所以能够成为而且必然会成为不可战胜的力量，就是因为它根据马克思主义原则形成的思

---

① 《中共中央、国务院关于加强和改进新形势下高校思想政治工作的意见》（2016年12月4日），见《十八大以来重要文献选编》（下册），北京：中央文献出版社2018年版，第492页。
② 《中共北京市委教育工作委员会关于进一步加强北京高等学校领导班子建设的意见》（1991年2月），见《北京高等教育文献资料选编（1977—1992）》，北京：首都师范大学出版社2008年版，第838页。
③ 《进一步，退两步》（1904年2—5月），见《列宁专题文集（论无产阶级政党）》，北京：人民出版社2009年版，第129页。
④ 《进一步，退两步》（1904年2—5月），见《列宁专题文集（论无产阶级政党）》，北京：人民出版社2009年版，第134页。
⑤ 《进一步，退两步》（1904年2—5月），见《列宁专题文集（论无产阶级政党）》，北京：人民出版社2009年版，第143页。

想一致是用组织的物质统一来巩固的,这个组织把千百万劳动者团结成一支工人阶级的大军"①。布尔什维克在夺取政权的革命进程中,列宁就指出:"革命的社会党的真正任务不是臆造种种改造社会的计划,不是劝导资本家及其走狗改善工人的处境,不是策划密谋,而是组织无产阶级的阶级斗争,领导这一斗争,而斗争的最终目的是由无产阶级夺取政权并组织社会主义社会。"② 可见,从马克思主义建党学说出发,中国共产党只有全面领导高校工作,才能完成组织新教育、培养社会主义新人的政治责任。

毛泽东同志曾说,"工、农、商、学、兵、政、党这七个方面,党是领导一切的。党要领导工业、农业、商业、文化教育、军队和政府"③,并着重强调了党对高校的领导方式问题:"高等学校应抓住三个东西:一是党委领导;二是群众路线;三是把教育和生产劳动结合起来。"④ 新中国成立初期,党中央也曾尝试通过中央学校指导地方学校办学来实现集中化领导,比如在华北税务学校即中央税务学校成立前后,全国其他地方也建立了几所税务学校,它们都是以中央税务学校税务分校的名称出现的,如:中央税务学校华东分校(上海商学院的前身)、中央税务学校中南分校、中央税务学校西南分校、中央税务学校西北分校,但根据后来办学情况和现有资料分析,这些学校和中央税务学校并没有组织间的关系,中央税务学校只是起到了业务上的指导作用。⑤ 可见,党中

---

① 《进一步,退两步》(1904年2—5月),见《列宁专题文集(论无产阶级政党)》,北京:人民出版社2009年版,第158页。
② 《为〈工人报〉写的文章》,见《列宁选集》(第四卷),北京:人民出版社2013年第2版增订版,第160页。
③ 人民教育出版社教育室:《毛泽东 周恩来 刘少奇 邓小平论教育》,北京:人民教育出版社1994年版,第378页。
④ 人民教育出版社教育室:《毛泽东 周恩来 刘少奇 邓小平论教育》,北京:人民教育出版社1994年版,第377页。
⑤ 中央财经大学校史编写组:《中央财经大学六十年史》(上编),北京:中国财政经济出版社2009年版,第17页。

央对高校的领导必须依靠坚强有力的基层党组织进行政治上的领导。"党的领导在高校能不能有效实现，取决于高校党的组织体系健不健全、党的建设抓得好不好。"①

伯特兰·罗素从组织管理运行的出发点分析，"在社会科学上权力是基本的概念，犹如在物理学上能是基本概念一样。权力也和能一样，具有许多形态，例如财富、武装力量、民政当局以及影响舆论的势力"。② "每一个组织，不论它的目的或性质如何，都涉及权力的某种分配。每一个组织必定有一个管理机构，它以整体的名义作出各种决定"③。回顾学校内部管理体制的变迁历程可以看出，"在某种意义上，学校内部管理体制的变化就是我国政治形势变化的晴雨表。"④

从新中国成立开始，我国高校的领导制度变更了7次，分别是：（1）校长负责制。1950年8月，教育部颁布《高等学校暂行规程》，规定"大学及专门学院采取校（院）长负责制"，自此高校形成了以校长负责制为主导的领导制度。校长由党中央任命产生，对党中央负责，统一领导和管理全校工作。为加强党对高校领导，发挥党在高校中的领导优势，1956年党的八大通过的《中国共产党章程》明确提出，在企业、农村、学校和部队中的党的基层组织，应当领导和监督本单位的行政机构和群众组织积极地实现上级党组织和上级国家机关的决议，不断地改进本单位的工作。⑤（2）党委领导下的校务委员会负责制。1958年9月10日，中共中央、国务院发布《关于教育工作的指示》，提出全国解放

---

① 陈宝生：《把高校建设成为坚持党的领导的坚强阵地》，载《中国纪检监察报》，2019年2月22日，第3版。
② ［英］伯特兰·罗素：《权力论》，吴友三译，北京：商务印书馆2012年版，第4页。
③ ［英］伯特兰·罗素：《权力论》，吴友三译，北京：商务印书馆2012年版，128页。
④ 劳凯声：《中国教育改革30年（政策与法律卷）》，北京：北京师范大学出版社2009年版，第78页。
⑤ 黄建军：《新中国成立70年党对高校全面领导的历史考察与基本经验》，载《中国高等教育》，2019年第12期，第4页。

九年来，我国教育工作取得了巨大的成绩。但是，教育工作在一定的时期内曾经犯过教育脱离生产劳动、脱离实际，并且在一定程度上忽视政治、忽视党的领导的错误。党的教育工作方针，是教育为无产阶级的政治服务，教育与生产劳动相结合；为了实现这个方针，教育工作必须由党来领导。在一切高等学校中，应当实行党委领导下的校务委员会负责制。①"党是一个集体，是有组织的。党的领导是组织领导，不是个人领导。"②"一个学校，党的领导是指学校党委领导，有些事情学校党委也不能解决，要请示上级党委决定。"③（3）党委领导下的以校长为首的校务委员会负责制。1961年9月，《教育部直属高等学校暂行工作条例（草案）》规定：自反右派斗争开始，接连不断的政治运动对科学、教育、文艺等方面的业务工作和创造活动造成很大冲击。因此，在对经济进行调整的同时，党着手对科学、教育、文艺工作以及知识分子政策进行调整。这方面的调整是从制定科学、高教、文艺等方面的工作条例着手的。在中央书记处和邓小平的亲自主持下，教育部党组和中央宣传部起草、制定了《教育部直属高等学校暂行工作条例（草案）》④，9月15日中共中央批准试行（以下简称"高校六十条"），实行党委领导下的以校长为首的校务委员会负责制，充分发挥校长、校务委员会和各级行政组织的作用。改进党的领导方法和领导作风，加强思想政治工作。⑤（4）"党的一元化领导"下的革命委员会制。"文化大革命"期间，党的组织和国家政权受到极大的削弱，地方党委派出工作团进驻大

---

① 中央教育科学研究所：《中华人民共和国教育大事记：1949—1982》，北京：教育科学出版社1984年版，第231页。

② 《周恩来教育文选》，北京：教育科学出版社1984年版，第196页。

③ 《周恩来教育文选》，北京：教育科学出版社1984年版，第197页。

④ 中共中央党史研究室：《中国共产党历史 第二卷（1949—1978）》，北京：中共党史出版社2011年版，第589页。

⑤ 中央教育科学研究所：《中华人民共和国教育大事记：1949—1982》，北京：教育科学出版社1984年版，第298页。

学，由工作团党委领导学校工作，原来学校党委处于瘫痪状态。1971年4月，全国教育工作会议通过了《全国教育工作会议纪要》，提出高校实行"党的一元化领导"下的革命委员会制。① 各高校先后成立了由学校教职工、工宣队、军宣队三者相结合的党委会和革命委员会。其中党委会和革命委员会成员大多重复，相互兼任。② （5）党委领导下的校长分工负责制。1978年10月，教育部印发《关于讨论和试行〈全国重点高等学校暂行工作条例〉（试行草案）的通知》，明确"高等学校的领导体制，是党委领导下的校长分工负责制"，"高等学校的党委会，是中国共产党在高等学校中的基层组织，是学校工作的领导核心，对学校工作实行统一领导""高等学校的校长，是国家任命的学校行政负责人，对外代表学校，对内主持学校的经常工作""学校的教学、科学研究、后勤工作中的重大问题，一定要经党委会讨论，党委会作出决定后，由校长负责组织执行"；③ 1980年12月，中共中央组织部、教育部党组发出《关于加强高等学校领导班子建设的意见》，提出"领导班子中，党政干部要明确分工。党委书记一般不兼任院长，副书记兼副院长的也不要多，党要管党，政要管政"，"党委对学校工作的领导，主要应该是路线、方针、政策的领导，党委要着重致力于做好政治思想工作，以及党的思想建设、组织建设工作"，"学校的所有行政工作，都应由以校（院）长为首的行政人员去处理，要使他们有职有权有责"。④ 党委领导下的校长分工负责制在客观上淡化了党对高校的领导，削弱了高校基层

---

① 杜彬恒：《新中国成立70年党全面领导高等教育实践探索的特点》，中国社会科学网，https：//www.cssn.cn/jyx/jyx_jydj/201908/t20190828_4963314.shtml，2019年8月28日。

② 顾海良、罗永宽：《高校党的领导体制建设研究》，北京：中国文史出版社2013年版，第42页。

③ 《全国重点高等学校暂行工作条例》，见《北京高等教育文献资料选编（1977—1992）》，北京：首都师范大学出版社2008年版，第105页。

④ 《中共中央组织部 中共教育部党组关于加强高等学校领导班子建设的意见》，见《北京高等教育文献资料选编（1977—1992）》，北京：首都师范大学出版社2008年版，第206页。

党组织的作用。(6) 校长负责制。1985 年 5 月，中共中央印发《关于教育体制改革的决定》，提出学校逐步实行校长负责制。在最初的制度设计上，实行校长负责制并非要削弱党的领导，而是为了使高校党组织"从过去那种包揽一切的状态中解脱出来"，以便更好地把自己的精力集中到加强党的建设和思想政治工作上来。校长负责制提高了高校行政管理的效率，但这种领导制度易弱化党委的领导权。(7) 党委领导下的校长负责制。1989 年，中央在《关于当前高等学校工作中几个问题的意见》中明确提出"在今后一个相当长的时期，高等学校仍应实行党委领导下的校长负责制"，全面确立了党委领导下的校长负责制为我国高等学校的根本领导体制。1990 年 4 月，党中央召开第一次全国高校党的建设工作会议，特别强调党对高校领导的紧迫性。同年 7 月，中共中央发布了《关于加强高等学校党的建设的通知》，决定在高等院校实行党委领导下的校长负责制，并特别强调"无论实行何种领导体制，党委都是学校的政治核心，全面领导思想政治工作"。① 1996 年，中共中央颁布《中国共产党普通高等学校基层组织工作条例》，以党内法规形式确立了高校实行"党委领导下的校长负责制"。1998 年 7 月，第七次全国高校党的建设工作会议的主要议题包括深入贯彻《中国共产党普通高等学校基层组织工作条例》，坚持完善党委领导下的校长负责制，李岚清在会上强调，"要坚持和完善党委领导下的校长负责制，既要发挥党委的领导作用，也要发挥校长的负责作用。"② 陈至立进一步说明，"坚持和完善党委领导下的校长负责制，核心是发挥集体的力量来领导和管理学校，解决好学校改革和发展中涉及的办学方向、发展战略、办学模式、改革思路等关系全局的重大问题。"③ 1998 年 8 月通过的《中华人民共

---

① 黄建军：《新中国成立 70 年党对高校全面领导的历史考察与基本经验》，载《中国高等教育》，2019 年第 12 期，第 4 页。
② 袁新文：《第七次全国高校党建工作会议开幕》，载《光明日报》，1998 年 7 月 4 日。
③ 《加强高校党的建设 把我国高等教育事业全面推向 21 世纪》，见陈至立主编：《陈至立教育文集》(上册)，北京：高等教育出版社、人民教育出版社 2016 年版，第 109 页。

和国高等教育法》明确规定，国家举办的高等学校实行中国共产党高等学校基层委员会领导下的校长负责制，首次以法律的形式确定了党对高校进行全面领导的制度。《中华人民共和国高等教育法》规定，高校党委的职责是执行中国共产党的路线、方针、政策，坚持社会主义办学方向，领导学校的思想政治工作和德育工作，讨论决定学校内部组织机构的设置和内部组织机构负责人的人选，讨论决定学校的改革、发展和基本管理制度等重大事项，保证以培养人才为中心的各项任务的完成；校长的任务是全面负责本学校的教学、科学研究和其他行政管理工作。《中华人民共和国高等教育法》的颁布，实现了我国高校的领导制度由政策文件、政策框架向法律制度框架的转化。这种转化说明高校已经找到了适合自身发展的领导制度，也为加强党对高校的全面领导奠定了坚实的法律基础。2011年1月，习近平在会见第十九次全国高校党建工作会议代表时指出："要坚持和完善党委领导下的校长负责制，按照德才兼备、以德为先的用人标准，把政治上坚定、业务上优秀、作风上过硬、广大师生认可的同志选配到学校领导班子中，特别要选好配强党委书记和校长，切实增强高校领导班子的整体功能，提高领导班子办学治校能力。"① 2014年，中央办公厅印发《关于坚持和完善普通高等学校党委领导下的校长负责制的实施意见》。② 2014年12月，习近平对第二十三次全国高校党建工作会议作出重要指示，指出要"坚持和完善党委领导下的校长负责制，不断改革和完善高校体制机制"③。2016年12月4日发布的《中共中央、国务院关于加强和改进新形势下高校思想政治

---

① 《深入贯彻十七届五中全会精神 切实加强和改进高校党的建设》，载《党建》，2011年第1期，第4页。

② 中共中央办公厅：《关于坚持和完善普通高等学校党委领导下的校长负责制的实施意见》（单行本），北京：党建读物出版社2014年版。

③ 《习近平就高校党建工作作出重要指示强调 坚持立德树人思想引领 加强改进高校党建工作》，载《人民日报》，2014年12月30日，第1版。

工作的意见》进一步阐释加强和改善党对高校的领导的方法步骤与意义，强调高校党委对本校工作实行全面领导，对本校党的建设全面负责，强化院（系）党的领导，进一步发挥院（系）党委（党总支）的政治核心作用，基层党组织要充分发挥战斗堡垒作用，注重从优秀辅导员、优秀大学生党员中选拔学生党支部书记。①

2016年12月7日，习近平总书记在全国高校思政工作会议上分析了党委领导下的校长负责制的推进情况，"当前，党委领导下的校长负责制这一制度执行情况总体上是好的，但也存在一些问题。有的高校党委管方向、谋大事力度不够，'腰杆'挺不起来、使不上劲；有的高校'校长负责'比较实，'党委领导'比较虚；有的高校书记、校长纠结于谁是'一把手'的问题。"②自2018年中央教育工作领导小组成立特别是习近平同志在全国教育大会上强调"坚持党对教育事业的全面领导"③以来，高校党的领导或者党领导高等教育，上升到了一个新的高度，开始作为一个更加独立的学术命题出现，因为教育工作自身的独立性、独特性和自成体系的特点，迫切需要我们从教育规律出发去探究党领导高等教育的历史脉络和阶段性特点。习近平在全国教育大会上把"坚持党对教育事业的全面领导"放在教育改革发展新理念新思想新观点的首要位置。更为关键的是，习近平特别强调"这一"领导的实践依据即"这是我们对教育事业规律性认识的深化，来之不易，要始终坚持并不断丰富发展"，由此可以得出，研究党领导高等教育的历史记

---

① 《中共中央、国务院关于加强和改进新形势下高校思想政治工作的意见》（2016年12月4日），见《十八大以来重要文献选编》（下册），北京：中央文献出版社2018年版，第492页。

② 《论坚持党对一切工作的领导》，北京：中央文献出版社2019年版，第164页。

③ 任姝芳：《坚持党对教育事业的全面领导——论学习贯彻习近平总书记在全国教育大会重要讲话》，中国广播网，https://china.cnr.cn/news/20180918/t20180918_524362871.shtml，2018年9月18日。

录的主线应该是党的高等教育方针、思想、理念的发展沿革和落地效果，而非直接套用宏观历史的分期来进行具体阶段的教育成就梳理。党的十九届四中全会通过的《中共中央关于坚持和完善中国特色社会主义制度 推进国家治理体系和治理能力现代化若干重大问题的决定》首次明确提出要"坚持和完善党的领导制度体系"。我国高校作为党领导下的社会主义大学，党的领导是其最鲜亮的政治底色。李铁映在回忆确立党委领导下的校长负责制的历史过程时提及，"那个时候教委直属的36所高校党委、校长换届，我都亲自把校长、书记找到教委来谈话，一个一个跟他们谈，强调你们是国家派去的，是国家委托你们来管理这所学校的，而这学校是中国的学校，是为中国人民服务的，你始终要知道你的授权是什么、责任是什么"，"教育战线有的人在政治上糊涂，就是不知道权力来源，不知道我们的政治制度。"①

  加强领导班子团结，首先是书记和校长的团结要搞好。书记和校长尽管分工不同，但目标都是一个，都要顾全大局，以对党的事业高度负责的精神，互相尊重、互相配合，带头搞好团结，为维护班子团结统一作出表率。书记作为班长，要积极支持行政领导在职权范围内行使职权，不包揽行政事务。校长要在党委统一领导下，在职权范围内积极主动地工作，重大问题要自觉提交党委讨论。书记、校长平时要多谈心交心，及时消除误解，避免形成疙瘩。②

习近平总书记指出，"坚持党的领导，必须不断改善党的领导，让

---

① 李铁映：《教育改革探索》（下卷），北京：人民教育出版社2011年版，第812页。
② 《中共北京市委教育工作委员会关于进一步加强北京高等学校领导班子建设的意见》（1991年2月），见《北京高等教育文献资料选编（1977—1992）》，北京：首都师范大学出版社2008年版，第841页。

党的领导更加适应实践、时代、人民的要求。"① 在强化"改进党的领导方式和执政方式,增强各级党组织政治功能和组织力"② 的大背景下,党委领导下的校长负责制是具有中国特色的高等教育制度,这一制度框架有效地保证了党对教育工作的全面领导。高校党委肩负着贯彻执行党的路线、方针、政策,坚持社会主义办学方向和领导学校思想政治教育工作的重任和使命,其政治使命一直未变,但政治定位的确定有一个长期的过程。以章程的审议程序来看,我们就能发现在落实中的差异,"东南大学的规定是'校长办公会审议后,提交教职工大会审议,校党委会审定';中国人民大学、武汉理工大学、东华大学的规定是'教代会讨论,校长办公会审议,校党委会审定';华中师范大学的规定是'教代会和校长办公会讨论通过,校党委会审定'"。③

归纳新时代以来高校党委的领导方式和成效,党委领导下的校长负责制主要有两方面新发展:**一方面**,新时代以来更加突出高校党委的领导内容全覆盖和全面领导,既要对本校党的建设全面负责,落实党建工作责任制,承担意识形态工作主体责任、全面从严治党主体责任、党风廉政建设主体责任,还要履行办学治校主体责任,坚持党管干部、党管人才,落实"三重一大"决策制度,重要干部任免、重要人才使用、重要阵地建设、重大发展规划、重大项目安排、重大资金使用等要经党委集体研究决定。④ 2018 年新修订的《中华人民共和国高等教育法》第三十

---

① 《习近平谈治国理政》(第三卷),北京:外文出版社 2020 年版,第 182 页。
② 《中共中央关于坚持和完善中国特色社会主义制度、推进国家治理体系和治理能力现代化若干重大问题的决定》,见《党的十九届四中全会〈决定〉学习辅导百问》,北京:党建读物出版社、学习出版社 2019 年版,第 7 页。
③ 程雁雷:《以制定和完善我国大学章程为契机推进现代大学治理——基于对六校章程的文本分析》,见劳凯声、余雅风主编:《中国教育法制评论》(第 12 辑),北京:教育科学出版社 2014 年版。
④ 福建省中国特色社会理论体系研究中心:《深刻把握高校党委全面领导的内涵和要求》,载《求是》,2018 年第 4 期。

九条明确规定:"国家举办的高等学校实行中国共产党高等学校基层委员会领导下的校长负责制。"这一规定是在回顾和总结历史经验的基础上,以宪法精神和党内法规为基本依据作出的。第三十九条和第四十一条还对党委和校长的职责作了明确阐述,并规定,高等学校党委要按照中国共产党党章和有关规定,统一领导学校工作,支持校长独立负责地行使职权;校长作为学校的法定代表人,全面负责本学校的教学、科学研究和其他行政管理工作。**另一方面**,党委书记作为"班长"的政治作用越发明晰,习近平总书记在十八届中央纪委六次全会上提出,"党委书记要做管党治党的书记,当好第一责任人,对党负责,对本地区本单位的政治生态负责"①。2017年1月颁布的《高等学校领导人员管理暂行办法》强调,"党委书记和校长应当符合社会主义政治家、教育家的标准,善于从政治上看问题把方向,有坚定的政治立场、崇高的理想信念、服务国家和人民的价值追求,有正确的教育思想和深厚的学识学养,有相当的教学科研和学校管理能力,有高尚的道德情操和人格魅力。"② 原中国人民大学党委书记靳诺认为,校党委书记的职责可以概括为"讨论""研究""决策",校长的职责可以概括为"规划""方案""执行",高校党委书记必须做好"把方向""定制度""抓班子""带队伍""管自己",高校党委书记在战略决策这一宏观层面对学校的未来发展至关重要。实现党对高校的全面领导必须要体现在制度上,关键是处理好党委和行政的关系、个人与集体的关系、书记与校长的关系。③ 值得注意的是,学校党委全委会、党委会、校长办公会的具体工作边界仍有进一步明晰和细化的空间。

---

① 《论坚持党对一切工作的领导》,北京:中央文献出版社2019年版,第123页。
② 中共中央办公厅法规局:《中国共产党党内法规汇编》,北京:法律出版社2021年版,第425页。
③ 刘箫锋:《中国人民大学四川省新时代治蜀兴川骨干递进培养计划"一把手"提能工程开班》,人大新闻网,https://news.ruc.edu.cn/archives/223409,2018年11月8日。

表 2-1　党委领导下校长和学校党委的主要职责

大学校长的主要职责	学校党委的主要职责
1. 主持制定并组织实施学校的办学方针、发展规划和年度工作计划，使学校能主动适应社会主义现代化建设的需要	1. 对党和国家的路线、方针、政策在学校的贯彻执行和教育任务的完成进行保证监督，支持校长充分行使职权，并对学校工作中的重大问题提出意见和建议。定期召开党的会议，听取担任行政领导职务的党员干部通报工作情况，提出建议
2. 领导全校教师和职工积极进行教育改革，不断提高教育质量、科学水平和管理水平，保证完成培养人才和科学研究等多项任务	2. 密切联系群众。经常了解师生员工的思想政治状况和群众对党的工作、党员的批评与意见；尊重群众的合理建议，维护他们的正当权益；认真做好群众的思想政治工作，保证党的各项方针政策的贯彻执行
3. 抓好学生和教职工的思想政治工作，组织、指导教职工教书育人、服务育人，使学生德、智、体诸方面得到发展	3. 以主要精力加强党的思想建设和组织建设，充分发挥党员的先锋模范作用；做好吸收党员工作，保证新党员的质量；表扬党员中的模范事迹，维护和执行党的纪律
4. 加强教职工队伍的建设，不断提高他们的政治、业务素质	4. 加强对校、系党员领导干部民主生活会的管理，推动党员领导干部认真开展批评与自我批评
5. 关心师生员工的生活，采取切实措施，逐步改善他们的工作、学习和生活条件	5. 按照党章及群众组织的有关规定，管理党群系统的干部。按照党的干部政策，对中层以上行政干部的任免、调动和奖惩等提出意见和建议。党政要互相支持，对党政两个系统的干部要通盘考虑，统筹安排
6. 对外代表学校，根据实际需要和可能，积极稳妥地进行国际交流和发展横向联合	6. 对教代会（工会）、共青团、学生会等群众组织进行政治领导，协调行政与各群众组织的关系，共同完成学校的任务
7. 统一筹划学校基金	7. 做好统战工作，团结民主党派、无党派人士、华侨和少数民族等，充分调动他们办好学校的积极性
8. 向党委报告重大决议执行情况，向教职工代表大会报告工作，组织处理教职工代表大会、学生代表大会、工会会员代表大会和团员代表大会有关行政工作的提案。支持学校各级党组织、民主党派基层组织、群众组织和学术组织开展工作	8. 领导学校党的纪律检查工作，落实党风廉政建设主体责任，推进惩治和预防腐败体系建设

(续表)

大学校长的主要职责	学校党委的主要职责
9. 组织拟订和实施学校内部组织机构的设置方案。按照国家法律和干部选拔任用工作有关规定，推荐副校长人选，任免内部组织机构的负责人	9. 坚持党管人才原则，讨论决定学校人才工作规划和重大人才政策，创新人才工作体制机制，优化人才成长环境，统筹推进学校各类人才队伍建设
10. 组织开展思想品德教育，负责学生学籍管理并实施奖励或处分，开展招生和就业工作	10. 坚持党管干部原则，按照干部管理权限负责干部的选拔、教育、培养、考核和监督，讨论决定学校内部组织机构的设置及其负责人的人选，依照有关程序推荐校级领导干部和后备干部人选。做好老干部工作
11. 落实党和国家对高等教育事业改革发展的要求，围绕全面提高人才培养能力，突出加强思想政治工作，体现政治方向、教学科研、学科建设、人才培养、教师队伍建设、学校管理、师德师风和党的建设等内容，注重打基础、利长远、求实效，具体内容根据学校实际确定	11. 加强大学文化建设，发挥文化育人作用，培育良好校风学风教风
	12. 党委书记履行党的建设和思想政治工作第一责任人职责，党委班子其他成员履行"一岗双责"，结合业务分工抓党的建设和思想政治工作等情况，深入了解坚持社会主义办学方向、开展思想政治工作、全面提高人才培养能力等情况

资料来源：《中共中央办公厅关于坚持和完善普通高等学校党委领导下的校长负责制的实施意见》

第二节 院（系）党组织：政治核心与政治保障

《条例》第三章第十一条专门表述高校院（系）党组织的职责，其中有几方面重要修改：**一是**在坚持"通过党政联席会议，讨论和决定本单位重要事项"的表述外，新增"召开党组织会议研究决定干部任用、党员队伍建设等党的建设工作。涉及办学方向、教师队伍建设、师生员工切身利益等事项的,应当经党组织研究讨论后,再提交党政联席会议决定"。同时删掉"支持本单位行政领导班子和负责人在其职责范围内独立负责地开展工作",进一步明确了高校院系党组织的政治把关作用。**二是**新增了政治把关的内容:"加强师德师风建设,落实意识形态工作责任制。把好教师引进、课程建设、教材选用、学术活动等重要工作的政治关。"**三是**强调了党管人才,充实了"做好人才的教育引导和联系服务工作"的内容。另外,第六章干部和人才工作进一步充实了第三章第十一条关于党管人才的内容:"院(系)级单位党组织在干部队伍建设中发挥主导作用"。**四是**在党组织自身建设方面,特别增加了"建立健全党支部书记工作例会等制度"的内容,为高校院(系)党组织发挥政治核心作用提供了新的制度规范。由此可见,党政联席会议讨论和决定学院工作的重要事项,对学院重要事项具有决定权的政治权威具有法理依据。高校院(系)党组织政治核心定位与政治保障功能密不可分,其发挥政治功能的关键在于协调统筹与党政联席会的权责划分、工作流程。

根据学科分类而形成的学术组织和人才培养二级单位的组织分工,是目前高校运行管理的常规。"各国大学一般都比较重视加强学院一级对各系科的统筹权力,由学院根据现代社会发展对人才培养的要求,统一设立综合核心课程,并全面组织实施。"① 在学科日益细化、研究高度专业化、自主创新蓬勃的背景下,高校院(系)在办学中的作用地位日益凸显,逐渐成为办学责任、学术权力、社会效益等集合在一起的教育实体,对高度专门化知识的增长和复杂严密的学术分工起到了无可替代的关键作用。抓好抓牢抓紧院系的办学过程,应成为高校党组织的核心工作之一。

党的基层组织是确保党的路线方针政策和决策部署贯彻落实的基础。②

---

① 阎光才:《识读大学:组织文化的视角》,北京:教育科学出版社2002年版,第82页。
② 《决胜全面建成小康社会,夺取新时代中国特色社会主义伟大胜利》,北京:中央文献出版社2019年版,第46页。

新中国成立后，校系两套组织机构的统一运行就是办学的常态。① 周恩来根据当时党组织覆盖面不足和党务工作人员专业化不强的情况指出"（高校）系支部、剧团支部、车间支部，只是起保证监督作用，不是指挥，下命令还得要行政首长才行"②。邓小平总结建党五十多年的历史指出，其中健全，首先指的是组织健全。因此，要实现统一思想、凝聚全国高校的集合力量，更多要甚至主要依靠党组织的政治功能。③ 邓小平在1980年在改善党的领导时，明确提出了"大学的系是否也要由党总支领导"④的重大问题。

十三届四中全会后，党中央面对高校思想政治工作的新难点，明确高校院（系）党组织是全系的政治核心。其主要任务是：保证和监督党和国家各项方针、政策及学校各项决定在本系的贯彻执行；参与本系行政管理工作重大问题的讨论决定；支持系主任在其职责范围内独立负责地开展工作；搞好党的建设；领导全系。⑤

中组部和教育部解读2010年修订的《中国共产党普通高等学校基层组织工作条例》时，进一步细化了院（系）党组织的政治核心作用：院（系）级单位党组织在高等学校党组织结构中处于承上启下的关键位置，是教育和团结广大师生员工的政治核心，是党在高等学校教学、科研、管理第一线的战斗堡垒，为院（系）级单位贯彻执行党和国家的路

---

① 中央财经大学校史编写组：《中央财经大学六十年史》（上编），北京：中国财政经济出版社2009年版，第160页。

② 《周恩来教育文选》，北京：教育科学出版社1984年版，第197页。

③ 《目前的形势和任务》（1980年1月16日），见《邓小平文选》（第二卷），北京：人民出版社1994年版，第266页。

④ 《目前的形势和任务》（1980年1月16日），见《邓小平文选》（第二卷），北京：人民出版社1994年版，第270页。

⑤ 《中共中央关于加强高等学校党的建设的通知》（1990年7月17日），见《加强和改进大学生思想政治教育重要文献选编（1978—2014）》，北京：知识产权出版社2015年版，第100页。

线方针政策及学校的各项决定发挥保障监督作用。①

校院二级管理是落实十九届四中全会精神，坚持高校党委领导下的校长负责制，理顺高校依法治理，激活院系和学科发展活力的关键。党的十八大以来，教育部对高校党建工作的考核对象也不断"下沉"，尤为突出对高校院系党组织的考核。作为新时代高校思想政治工作的基本遵循，2016年12月4日发布的《中共中央、国务院关于加强和改进新形势下高校思想政治工作的意见》对进一步加强和改善党对高校的领导做了说明，

> 强化院（系）党的领导，进一步发挥院（系）党委（党总支）的政治核心作用，基层党组织要充分发挥战斗堡垒作用，注重从优秀辅导员、优秀大学生党员中选拔学生党支部书记。②

> 要强化院（系）党的领导，发挥院（系）党委（党总支）的政治核心作用，履行政治责任，保证监督党的路线方针政策及上级党组织决定的贯彻执行。认真执行民主集中制原则，通过院（系）党政联席会议讨论和决定本单位重要事项，健全院（系）集体领导、党政分工合作、协调运行的工作机制，提升班子整体功能和议事决策水平。③

《关于高校党组织"对标争先"建设计划的实施意见》（教党〔2018〕25号）特别强调高校院（系）党组织是办学治校的中坚力量，

---

① 中共中央组织部组织二局、教育部思想政治工作司：《中国共产党普通高等学校基层组织工作条例：学习辅导读本》，北京：高等教育出版社2011年版，第101页。

② 《中共中央、国务院关于加强和改进新形势下高校思想政治工作的意见》（2016年12月4日），见《十八大以来重要文献选编》（下册），北京：中央文献出版社2018年版，第492页。

③ 《关于加强和改进新形势下高校思想政治工作的意见》，中国政府网，http://www.gov.cn/xinwen/2017-02/27/content_5182502.htm，2017年2月27日。

在"对标争先"中要做到"党组织领导和运行机制到位、政治把关作用到位、思想政治工作到位、基层组织制度执行到位、推动改革发展到位",为发挥院(系)党组织的政治核心作用提供基本参考。①

表 2-2 学院党委会会议和党政联席会议内容对比

学院党委会会议		学院党政联席会议	
事项	明细	事项	明细
重要事项由党委会会议研究形成决议或决定,再提交党政联席会议讨论决定	1. 落实学校党委关于加强学院党的领导和党的建设的决策部署 2. 师生思想政治工作、教学学风和师德师风建设 3. 意识形态、统一战线和安全稳定工作 4. 学院发展规划、学科专业建设等规章制度的制定修订 5. 人才队伍建设、管理咨询类组织负责人选拔 6. 境内外学术交流合作 7. 教师引进、培养、参加各类活动以及教职员工的人事变动 8. 学院表彰奖励,上级重要表彰、奖励人选推荐等	重要事项由党委会会议研究形成决议或决定,再提交党政联席会议讨论决定	1. 落实学校党委关于加强学院党的领导和党的建设的决策部署 2. 师生思想政治工作、教学学风和师德师风建设 3. 意识形态、统一战线和安全稳定工作 4. 学院发展规划、学科专业建设等规章制度的制定修订 5. 人才队伍建设、管理咨询类组织负责人选拔 6. 境内外学术交流合作 7. 教师引进、培养、参加各类活动以及教职员工的人事变动 8. 学院表彰奖励,上级重要表彰、奖励人选推荐等
党的建设	1. 学习党的路线方针政策 2. 党建工作计划和规章制度的制定修订 3. 基层党组织和党员队伍建设 4. 党内表彰奖励,上级党组织表彰推荐等	学院改革发展稳定	1. 落实党的教育工作方针政策 2. 学院发展规划和规章制度的制定修订 3. 年度财务预算的审定和执行 4. 办学资源配置和资产使用 5. 行政审批以及后勤管理 6. 维护安全稳定、防范和处置突发事件等

① 《中共教育部党组关于高校党组织"对标争先"建设计划的实施意见》,教育部,https://www.moe.gov.cn/srcsite/A12/moe_1416/s255/201805/t20180524_337018.html,2018 年 5 月 24 日。

(续表)

学院党委会会议		学院党政联席会议	
事项	明细	事项	明细
组织管理工作	1. 加强对工会、共青团、学生会、学生社团等群众组织的管理 2. 加强对各类学术组织和教职工代表大会的领导 3. 老干部和离退休工作的事项	组织管理工作	1. 学术委员会和教学委员会的负责人选拔 2. 其他管理、咨询类组织人员和负责人的选拔
干部队伍建设	1. 相关机构组织的人员选拔推荐 2. 基层党组织的配备管理等	教师队伍建设	1. 教师引进、培养、进修，参加各类组活动 2. 教职员工的聘用、调动、考核评定 3. 人才工作规划制定 4. 教职员工违规、违纪惩处等
师生思想政治工作	1. 积极开展思政课程、课程思政建设 2. 形成良好的工作建设机制	学生培养	1. 学科和专业设置，培养方案的制定修订 2. 课程建设和教材编写选用 3. 学生学籍管理，研究生导师遴选等
教学学风和师德师风建设	1. 充分认识学风、师德师风建设的重要性 2. 加强领导，形成良好的建设机制	开展国内外学术交流合作	1. 积极开展境内外教学、科研合作交流 2. 积极进行学术交流合作
加强对人才的管理	1. 加强对人才的政治引领和政治吸纳 2. 加强对人才的教育管理 3. 加强对人才的联系服务	科研工作的重要事项	1. 科研平台、科研团队建设 2. 科研项目、科研经费管理 3. 科研成果转化、科研奖励
加强意识形态、统一战线、安全稳定等工作	1. 积极开展党建工作 2. 做好主题宣传工作	学院表彰、奖励，上级重要表彰、奖励人选推荐	1. 科学、民主、依法决策，征求基层党组织以及进行教职工考核评价 2. 通过基层党组织、教职工代表大会等方式广泛征求意见

第三节　教职工党支部：
政治责任与政治把关

《条例》对教职工党支部的充实修改内容较多，特别突出了政治把关作用：**一是**增加了党员先进性内容，党支部要"在完成教学科研管理任务中发挥党员先锋模范作用"；**二是**提出政治把关的具体内容："参与本单位重大问题决策，支持本单位行政负责人开展工作，对教职工职称评定、岗位（职员等级）晋升、考核评价等进行政治把关"；**三是**把强化教师思想政治工作作为党的建设重要抓手，"加强师德师风建设，有针对性地做好思想政治工作"。

基层党建与基层治理密不可分。有学者详细分析了改革开放以来基层治理的问题，指出"基层恶治与善治的差别主要体现在三方面：组织化程度、直接民主水平和劳动人民的主体地位""当代中国基层政治的主要危机首先源于'组织的弱化'"[①]"基层再组织化主要在政治、经济与文化三方面进行，关键前提是共产党基层组织的再政治化。"[②] 教职工党支部在高校治理中起到了不可替代的作用。1989年12月，北京市委高校工作委员会发布的《北京高等学校党组织工作试行条例》规定，"党总支和党支部在党委领导下进行工作，是所在单位的政治核心和战斗堡垒"[③]"教研室党支部书记同教研室主任一样，是教研室的负责人"

---

① 鄢一龙、白钢、章永乐等：《大道之行：中国共产党与中国社会主义》，北京：中国人民大学出版社2015年版，第107页。

② 鄢一龙、白钢、章永乐等：《大道之行：中国共产党与中国社会主义》，北京：中国人民大学出版社2015年版，第112页。

③ 北京市高等教育局：《北京高等教育年鉴（1991年）》，北京：北京工业大学出版社1992年版，第424页。

"党支部书记应努力做好党务工作,其工作时间不少于整个工作量的三分之一,并计算为教学工作量。"①

新时代以来高等教育发生了深刻变革,一是突出党对教育工作的全面领导;二是高校治理能力和治理体系现代化作为"双一流"大学建设的内在要求,学科建设、院系自主等问题被提升到了前所未有的高度。高校教师党支部是党在高校开展教师工作的最基层的组织单元,在深入推进中国特色社会主义理论体系进教材、进课堂、进头脑的实施过程中,在深入开展社会主义核心价值观的学习过程中,教工党支部的作用如何发挥、发挥的效果直接关系到党的路线、方针、政策在高校的执行程度。高校坚持教职工党支部建设与教学组织改革同步推进,优化完善教职工党支部组织设置,努力把党组织全覆盖拓展到人才培养过程的每个环节在内的基本单元。2017年8月2日,教育部党组出台了《关于加强新形势下高校教师党支部建设的意见》,其中规定:"高校教师党支部是教育、管理、监督和服务教师党员的基本单位,是把党的路线方针政策落实到高校基层的战斗堡垒,是党团结和联系广大教师的桥梁纽带,是办好中国特色社会主义大学的重要支撑。加强新形势下高校教师党支部建设,对于落实全面从严治党要求,全面贯彻党的教育方针,坚持社会主义办学方向,落实立德树人根本任务,培养中国特色社会主义合格建设者和可靠接班人,具有重大而迫切的战略意义。"② **从强化支部功能来看,有三方面工作需要特别注意:**

一是从学术达人到"政治强人",强化教师党支部在青年教师思想政治工作中的作用,了解教师政治变化,引导系内教师在关键时刻作出

---

① 北京市高等教育局:《北京高等教育年鉴(1991年)》,北京:北京工业大学出版社1992年版,第434页。

② 《中共教育部党组关于加强新形势下高校教师党支部建设的意见》,教育部,https://www.moe.gov.cn/srcsite/A12/moe_1416/moe_1417/201708/t20170823_311692.html,2017年8月23日。

合理的政治判断，指导教师从政治上观察和处理问题，从工具理性发展到价值理性，把政治承诺转化为政治行为。共产党人有鲜明的政治立场，"广大教师是政治思想和科学文化知识的传播者，也应当是党的教育方针的宣传者。学生渴求得到知识，当然尊重把知识传授给他们的教师，教师在学生中有比较高的威信，特别是有真才实学的教师的一言一行对于学生的思想影响更大。这是教师做思想政治工作的有利条件"①。没有脱离政治的业务，也没有脱离业务的政治，教师的教学研究也是锻炼政治定力、提升政治能力的过程。选好配强教师党支部班子，注重从优秀青年教师党员中选拔党支部书记，注重通过教育培训不断增强教职工党支部书记的工作能力。创新党支部设置和活动方式，丰富活动内容，使党支部工作更加贴近青年教师思想、工作和生活实际，"依靠深入细致的思想工作和教师本身的觉悟来激发认真教育好学生的积极性和责任心。"②。特别是围绕青年教师的学术追求和科研需要，创新基层服务型党组织，充分发挥教师党支部在服务青年教师成长发展中的作用，提升党组织对青年教师的亲和力感染力凝聚力。③ 了解引导教师合理表达政治见解，指导教师学习党的一致的精神与铁的纪律，认同党的统一的意志，提升政治免疫力，增强教师党员践行党的宗旨和纪律的思想自觉和政治自觉。"当代知识的生产越来越走出个人兴趣的范围，成为一种受社会知识或技术利益驱动的认识活动，其目的在于解决社会所提出的紧迫问题或长

---

① 刘祖春：《在北京高等学校学生思想政治工作会议上的总结讲话》，见《北京高等教育文献资料选编（1977—1992）》，北京：首都师范大学出版社2008年版，第171页。

② 陈大白：《加强党的领导 充分发挥高校党组织的政治核心作用》（1991年6月21日），见《北京高等教育文献资料选编（1977—1992）》，北京：首都师范大学出版社2008年版，第883页。

③ 《中共中央组织部、中共中央宣传部、中共教育部党组关于加强和改进高校青年教师思想政治工作的若干意见》，见《加强和改进大学生思想政治教育重要文献选编（1978—2014）》，北京：知识产权出版社2015年版，第596页。

远问题"①。强化国情世情党情社情教育,"教师实践知识具有缄默性和非系统性,但是支配着教师的思想和教学行为,具有强大的价值导向和行为规范的作用。教师的实践知识通常转化成教师的行为习惯和思维定式。"②

> 随着这种知识增长方式的转变,从事知识创新所需要的个体素质结构也发生了许多重要的变化,富于想象、善于猜测、勇于批判、大胆尝试、有效沟通、真诚合作、积极对话连同跨学科的知识和方法背景、良好的社会形象和社会关系、较强的社会组织与协调能力等等正在成为知识分子在新的历史时期从事知识生产必备的一些素质。③

二是推动教师党支部深入贯彻全面从严治党要求。2018 年 1 月 20 日,中共中央、国务院颁布了《关于全面深化新时代教师队伍建设改革的意见》,是新中国成立以来党中央出台的第一个专门面向教师队伍建设的里程碑式政策文件,将教师队伍建设上升为一项重大政治任务。其中规定:

> 将全面从严治党要求落实到每个教师党支部和教师党员,把党的政治建设摆在首位,用习近平新时代中国特色社会主义思想武装头脑,充分发挥教师党支部教育管理监督党员和宣传引导凝聚师生的战斗堡垒作用,充分发挥党员教师的先锋模范作用。选优配强教

---

① 石中英:《知识转型与教育改革》,北京:教育科学出版社 2001 年版,第 197 页。
② 朱旭东:《教师专业发展理论研究》,北京:北京师范大学出版社 2011 年版,第 25 页。
③ 石中英:《知识转型与教育改革》,北京:教育科学出版社 2001 年版,第 202 页。

师党支部书记,注重选拔党性强、业务精、有威信、肯奉献的优秀党员教师担任教师党支部书记,实施教师党支部书记"双带头人"培育工程,定期开展教师党支部书记轮训。①

坚持社会主义办学方向,必须坚持以社会主义意识形态作为根本特征。"意识形态工作是党和国家工作的重要组成部分,在中国特色社会主义事业全局中具有重要地位。"② 高校专业教师是维护和传承知识权威的人才队伍,更是高校意识形态建设工作队伍的重要构成。从政治意识角度分析,高校教师具有三个特点:一是教师的民主意识和权利意识强;二是相比工人、农民、军人党员等,高校教师党员对党内宣传思想工作有直接影响,在舆论场中有相当程度的话语权和议程设置能力,直接参与意识形态建构的过程,其主体地位直接关系到全党意志统一;三是对党员发展工作影响大,从当下党员构成的角度看,高等教育阶段成为我们发展党员的主要通道,高校教师党员既是"为党育人、为国育才"的教育主体,也实际担负起了发展教育培养管理新生代党员的政治使命,这与党支部作用发挥并不矛盾,因为教育场域的多样化已经是高等教育发展的常态。从现象层面分析,由于一段时间内高校管党治党宽松软的现象实际存在,教师党员队伍中也确实存在"重帽子身份、专家身份,轻党员身份"的现象,也由此导致教师科研学术评价体系中的政治方向、价值取向、学术导向需要进一步规范和明确。习近平在中共十八届中央纪委二次全会上指出,"政党的重要成员必须拥护本党的政治

---

① 《中共中央国务院关于全面深化新时代教师队伍建设改革的意见》,教育部,https://www.moe.gov.cn/jyb_xwfb/moe_1946/fj_2018/201801/t20180131_326148.html,2018 年 1 月 31 日。

② 《习近平在全国宣传思想工作会议上强调 胸怀大局把握大势着眼大事 努力把宣传思想工作做得更好》,人民网,http://politics.people.com.cn/n/2013/0821/c1024-22635998.html,2013 年 8 月 20 日。

主张、政策主张，包括本党的意识形态。""苏共放弃了民主集中制原则，允许党员公开发表与组织决议不同的意见，实行所谓各级党组织自治原则，一些苏共党员甚至领导层成员成了否定苏共历史、否定社会主义的急先锋，成了传播西方意识形态的大喇叭，苏共党内从思想混乱演变到组织混乱。"①

因此，高校教职工党支部在从严治党实践中必须实现政治和业务融为一体、高度统一，深刻理解各种问题的政治危害性，不断增强党的意识、党员意识，充分发掘和运用各学科蕴含的思想政治教育资源，在组织生活和党员教育中提升教师思想政治素质和育人育德能力，体察教师的要求、情绪和生活，避免与群众隔绝，成为自说自话的"硬化"的团体。

三是着重提高教师党支部书记的政治能力和党务工作水平，丰富党员教师骨干的政治履历。教育部制定的《关于高校教师党支部书记"双带头人"培育工程的实施意见》明确提出要强化基层导向，牢固树立党的一切工作到支部的鲜明导向，把思想政治工作落实到支部，把从严教育管理监督党员落到支部，把群众工作落到支部，切实履行好党支部组织师生、宣传师生、凝聚师生、服务师生的职责。② 这要求教师既能对体国情深的披沥肝膈之词有共情，也要对性情表述的言外之味、弦外之响有政治警觉，做政治上的明白人。例如，哈尔滨工业大学深入实施"党建强基"工程，面向国家重大战略需求，充分发挥党员专家的"领头羊"作用。复合材料研究所党支部在党员专家杜善义院士带领下，落实"双培养"要求，培育出包括 2 名院士在内的 30 余名党员高端人才，

---

① 《论坚持党对一切工作的领导》，北京：中央文献出版社 2019 年版，第 19 页。
② 《中共教育部党组关于高校教师党支部书记"双带头人"培育工程的实施意见》，教育部，https://www.moe.gov.cn/srcsite/A12/moe_1416/s255/201805/t20180524_337021.html，2018 年 5 月 24 日。

持续在面向国家重大需求、面向国际科技前沿中贡献力量。①

第四节 学生党支部：
政治功能，全面提升组织力

重视和加强党支部建设，是马克思主义政党的鲜明特征。中国共产党建立开始即以党支部为工作基础，因为"支部是党的最下层的组织，也是党的最基本的组织"②。中共四大通过了《对于宣传工作之议决案》，其中强调"党的支部是我们党的基本教育机关，我们应在每次会议注意于政治报告和党的策略之解释，以及内外宣传遇有困难的报告和讨论"③。党的建设史的历史经验表明，支部并不是分部，而是党在各工厂、矿山、学校及某区域的核心。党的组织，就是集合这许多的社会的核心，而成为一个党。④ 解放战争时期，"其实学生运动的背后是政党组织的强力运作。在此时高校，中共仍然沿用抗战时多样化的建党策略。"⑤ 党的十九大通过的新党章规定："党支部是党的基础组织，担负直接教育党员、管理党员、监督党员和组织群众、宣传群众、凝聚群众、服务群众的职责"。党支部是党员学习活动的基础载体，"党支部建设得怎么样，党支部日常学习、党员日常管理等制度是否健全，直接关

---

① 《坚守为党育人为国育才——党的十八大以来高校党的建设和思想政治工作综述》，新华网，https：//www.xinhuanet.com/politics/2021-06/25/c_1127598106.htm，2021 年 6 月 25 日。

② 《党的支部》（1939 年 6 月 10 日），见《陈云论党的建设》，北京：中央文献出版社 1995 年版，第 53 页。

③ 陈至立、刘吉：《中国共产党建设史》，北京：人民出版社 1991 年版，第 100 页。

④ 陈至立、刘吉：《中国共产党建设史》，北京：人民出版社 1991 年版，第 111 页。

⑤ 周良书：《中共高校党建史：1921—1949》，北京：北京师范大学出版社 2012 年版，第 253 页。

系基层党的建设成效"①。"党的基层组织是确保党的路线方针政策和决策部署贯彻落实的基础。要加强基层组织建设。以提升组织力为重点,突出政治功能"②。《中国共产党支部工作条例(试行)》进一步指出,党支部是党的基础组织,是党组织开展工作的基本单元,是党在社会基层组织中的战斗堡垒,是党的全部工作和战斗力的基础,担负直接教育党员、管理党员、监督党员和组织群众、宣传群众、凝聚群众、服务群众的职责。③

改革开放之初,党中央就敏锐地发现了大学生思想政治工作的新特点:

> 我国的大学生具有振兴中华的强烈愿望,善于学习、勤于思考、勇于探索、敢于创新,这是他们的优点。但也应看到,十年内乱在社会上造成的思想上的消极后果,还远没有清除干净;对外开放的历史环境固然有利于学生开阔眼界,解放思想,学习先进的科学文化,但西方资产阶级腐朽思想也不可避免地会渗透进来。④

胡耀邦鲜明指出改革开放初期出现的政治意识淡漠的问题:"现在有一种说法:我们的国家出现了危机,一个叫信仰危机,一个叫信心危

---

① 《在推进"两学一做"学习教育常态化制度化工作座谈会上的讲话》,见《十八大以来重要文献选编》(下册),北京:中央文献出版社2018年版,第701页。

② 蒋成会:《全面加强基层组织建设——把党建设得更加坚强有力系列体会》,人民网,https://dangjian.people.com.cn/n1/2017/1220/c117092-29719114.html,2017年12月20日。

③ 《中国共产党支部工作条例》(试行),见《十九大以来重要文献选编》(上册),北京:中央文献出版社2019年版,第657页。

④ 《中共中央宣传部、教育部关于印发〈关于加强和改进高等院校马列主义理论教育的若干规定〉的通知》(1984年9月4日),见《加强和改进大学生思想政治教育重要文献选编(1978—2014)》,北京:知识产权出版社2015年版,第28页。

机,一个叫信任危机。"① "不满情绪积累,对四项基本原则的反思,使一颗颗年轻的心躁动不安,使他们所尊敬的师长和社会名流,发表的批评四项基本原则的激烈言论,像一杯杯烈性酒,更使他们如痴如醉。他们跃跃欲试,想对四项基本原则进行一次风暴式的冲击。"② 面对这种复杂局面,党中央强调:

> 学校党组织要加强对学生党员的教育和管理,给他们分配适当的社会工作,让他们在实践中受到锻炼。要以学生党支部为核心,在学生中形成一支积极分子队伍,成为团结和激励学生前进的骨干力量。③

1989 年 12 月,北京市委高校工作委员会发布的《北京高等学校党组织工作试行条例》规定,学生党支部"要经常了解并定期分析学生思想情况,提出加强和改进思想政治工作的措施,并随时向领导如实报告情况。思想政治工作要把党和国家的要求与学生成长成才的愿望结合起来,根据青年学生的特点,以教育为主,以表扬为主,以理服人,以情动人,寓教育于各种活动之中,调动学生积极性。尊重和维护学生的正当权益,如实反映学生的意见、要求和建议,帮助解决实际困难。大力表扬学生中的好人好事,协助系、班级评选三好学生和优秀学生干部。对于学生中的错误言论和不良风气要敢于理直气壮地批评纠正,使党支

---

① 《应该如何看待我们自己》,见《胡耀邦文选》,北京:人民出版社 2015 年版,第 169 页。

② 周良书、朱孟光:《1978—1989 年:中共在高校中的建设》,载《党史研究与教学》,2013 年第 5 期,第 21 页。

③ 《中共中央、国务院批转〈国家教委关于加强高等学校思想政治工作的决定〉的通知》(1986 年 5 月 29 日),见《加强和改进大学生思想政治教育重要文献选编(1978—2014)》,北京:知识产权出版社 2015 年版,第 51 页。

部成为团结广大学生的核心"①。高校党组织深刻反思,

> 党内存在的许多问题,与我们前几年忽视党的思想建设,特别是忽视党的阶级性和先进性教育,在吸收新党员时忽视对他们的政治立场、政治方向的考察,入党后党内又缺乏行之有效的教育方法和监督措施是分不开的。②

也有学者在反思苏联亡党亡国的历史教训时谈到了大学生政治信仰迷失的长远破坏作用:"大学生的信仰危机引发了自由主义思想,政治冷漠导致了道德滑坡。缺乏信仰支撑、内心空虚的大学生,在畸形的社会政治心理的作用下,发生了缺勤、酗酒、犯罪等行为,这些行为成为勃列日涅夫执政时期普遍存在的社会问题。"③"信仰危机导致一部分大学生在公开场合出于自我保护接受官方的意识形态,表达虚假的思想,在私下聚会中却大讲政治笑话、抨击权贵、发泄对现实的不满。""还有一部分大学生表现出严重的政治冷漠,丧失了参与政治的热情,不关心国家的前途和命运。"④

新时代高校党的建设需要我们结合人才培养中心的工作提出新的理念,这一理念必须集中政治性和教育性,突出党事党务工作在政治引领和价值引领等方面的功能。习近平总书记强调:"坚持党建工作与中心工作一起谋划、一起部署、一起考核,把每条战线、每个领域、每个环

---

① 《北京高等教育年鉴(1991年)》,北京:北京工业大学出版社1992年版,第438页。
② 陈大白:《加强党的领导 充分发挥高校党组织的政治核心作用》(1991年6月21日),见《北京高等教育文献资料选编(1977—1992)》,北京:首都师范大学出版社2008年版,第883页。
③ 张建华:《思想之镜——知识分子与苏联政治变迁:1936—1991》,北京:社会科学文献出版社2016年版,第230页。
④ 张建华:《思想之镜——知识分子与苏联政治变迁:1936—1991》,北京:社会科学文献出版社2016年版,第229页。

节的党建工作抓具体、抓深入"①。新中国成立以来,办人民满意的教育始终是社会主义大学的奋斗目标,立德树人是高校的中心工作。坚持和完善高校党的建设的出发点和落脚点在于培育社会主义可靠建设者和忠实接班人。由此可见,我们要深入研究高校党的建设的理论与实践问题就要回答高校党建党务工作与提升人才培养质量之间的关联作用。2017年12月5日,教育部党组印发《高校思想政治工作质量提升工程实施纲要》,其中强调"把组织建设与教育引领结合起来,强化高校各类组织的育人职责,增强工作活力、促进工作创新、扩大工作覆盖、提高辐射能力"②。

因此,建设社会主义将是一个需要党和人民长期努力的历史过程,社会主义大学的人才培养质量关系到党和人民事业的长远发展。中国共产党的领导是中国特色社会主义大学最本质的特征,办好新时代的高等教育就必须要突出高校党建工作的育人功能,围绕立德树人的中心工作持续完善育人格局。党员教育发展管理作为高校基层党组织的基本职责,"要使我们党今后继续保持正确的、健全的领导,根本的问题是在于努力减少党组织和党员在思想认识上的错误","党必须经常进行党内教育,不让资产阶级和小资产阶级的思想损害我们党在政治上的纯洁"。③ 高校党组织必须以高素质党员队伍建设带动整体学生思想政治水平的提高,关键举措就在于不断强化、重点突出、层次分明的党员和入党积极分子的政治学习。高校作为知识分子施展才华、竞展风采的地方,政治学习是组织师生、教育师生、管理师生的重要载体。

---

① 《习近平关于全面从严治党论述摘编》,北京:中央文献出版社2016年版,第226页。
② 《中共教育部党组关于印发〈高校思想政治工作质量提升工程实施纲要〉的通知》,教育部,https://www.moe.gov.cn/srcsite/A12/s7060/201712/t20171206_320698.html,2017年12月6日。
③ 《在中国共产党第八次全国代表大会上的政治报告》,见《刘少奇选集》(下册),北京:人民出版社1985年版,第265页。

《中共教育部党组关于高校党组织"对标争先"建设计划的实施意见》对高校大学生党支部提出了"七个有力"的工作目标：（1）教育党员有力。坚持以"三会一课"为基本制度，以"两学一做"为基本内容，党员理想信念教育、党性教育、纪律教育、道德品行教育扎实开展，主题党日严格规范。（2）管理党员有力。党员发展、党员培训、党籍管理、党费收缴、党员激励关怀帮扶等工作扎实有效，党员先锋模范作用充分发挥，不合格党员组织处置稳妥有序。（3）监督党员有力。坚持把纪律和规矩挺在前面，善于发现苗头性倾向性问题，"咬耳扯袖"成为常态，监督党员履行义务、遵规守纪及时到位，教育引导、组织处置等措施有效运用。（4）组织学生有力。最大限度地把学生组织起来，引领带动学生投入中心工作的动员力、实效性强。（5）宣传学生有力。学习传达上级党组织决策部署及时到位，注重发现树立、宣传推广师生身边典型人物、典型事迹。（6）凝聚学生有力。善于统一思想、凝聚人心、增进共识，思想引领和价值观塑造有机融入教师教学科研、学生学习生活，组织引领师生听党话、跟党走成效突出。（7）服务学生有力。常态化了解学生困难诉求、倾听学生意见建议，学生有困难找支部、有问题找党员的帮扶机制健全有效。① 可见，学生党支部的服务对象包括学生党员在内的全体同学，必须在规范支部工作中强化以下工作。

一是严格规范党员大会，提升学生党员党性修养和政治意识，传播主流政治文化。陈云同志强调，"支部是征收党员的机构，应该在党员中经常进行教育，使党员了解收新党员的意义"②，"支部是教育党员训

---

① 《中共教育部党组关于高校党组织"对标争先"建设计划的实施意见》，教育部，https：//www.moe.gov.cn/srcsite/A12/moe_1416/s255/201805/t20180524_337018.html，2018 年 5 月 24 日。

② 《党的支部》（1939 年 6 月 10 日），见《陈云论党的建设》，北京：中央文献出版社 1995 年版，第 58 页。

练党员最基本的学校"①,而学生党员作为学生中的佼佼者,他们可以充分深入到学生中,在与普通学生"零距离"接触中,可以第一时间了解把握学生的思想生活情况,发现学生存在的问题,及时向党组织反馈学生的意见与建议。党支部党员大会是党支部的议事决策机构,由全体党员参加,一般每季度召开一次。②

二是提高支部委员会的政治能力。"党支部委员会是党支部日常工作的领导机构"③,毛泽东早在《关于领导方法的若干问题》中就指出:"只有领导骨干的积极性,而无广大群众的积极性相结合,便将成为少数人的空忙。但如果只有广大群众的积极性,而无有力的领导骨干恰当地组织群众的积极性,则群众积极性既不可能持久,也不可能走向正确的方向和提到高级的程度"④。大学生党支部委员是大学生党支部的骨干领导力量。加强学生党支部委员队伍建设,培养打造高素质、专业化党支部委员队伍,对于加强党的组织体系建设,推动全面从严治党向支部延伸,全面提升党支部组织力,强化党支部政治功能,巩固党长期执政的组织基础,具有十分重要的意义。陈云同志强调,"支部领导机关的健全与否,对于党的任务完成有决定的作用","支部书记和支部委员(或支部干事)必须是政治坚定,忠实执行党的政策,有工作能力并为大家所信仰的党员"。⑤ 学生党支部委员是党支部委员会成员的统称,由

---

① 《党的支部》(1939年6月10日),见《陈云论党的建设》,北京:中央文献出版社1995年版,第60页。
② 《中国共产党支部工作条例(试行)》,见《十九大以来重要文献选编》(上册),北京:中央文献出版社2019年版,第657页。
③ 《中国共产党支部工作条例(试行)》,见《十九大以来重要文献选编》(上册),北京:中央文献出版社2019年版,第657页。
④ 《关于领导方法的若干问题》(1943年6月1日),见《毛泽东选集》(第三卷),北京:人民出版社1991年版,第898页。
⑤ 《党的支部》(1939年6月10日),见《陈云论党的建设》,北京:中央文献出版社1995年版,第55页。

党员大会选举产生。根据《中国共产党支部工作条例（试行）》规定，"有正式党员7人以上的党支部，应当设立党支部委员会。党支部委员会由3至5人组成，一般不超过7人。党支部委员会设书记和组织委员、宣传委员、纪检委员等，必要时可以设1名副书记。正式党员不足7人的党支部，设1名书记，必要时可以设1名副书记。"① 新修订的《中国共产党普通高等学校基层组织工作条例》删掉了"大学生党支部中，支部委员是引领大学生刻苦学习、团结进步、健康成长的班级核心"的表述，这是考虑到学生事务的复杂性和目前班团一体化推进过程中的新特点，并非消除学生党支部委员会的作用。

三是激发政治潜力，提高组织生活的政治性和吸引力。"组织生活是党支部对党员进行教育管理的基本方式。"② 第一次全国高校党的建设工作会议以来，党中央把严格规范学生党支部组织生活作为高校党建的重要基础工作，加强对党员的教育、管理和监督。强调"党支部要把了解学生的思想状况，反映他们的意见、要求和思想情绪，做好学生的思想政治工作，扩大党的积极分子队伍，按照党员标准发展新党员，作为自己的重要任务。要具体指导和帮助团支部、班委会开展工作，通过党员的模范作用带动学生明确学习目的，完成学习任务，努力成为有理想、有道德、有文化、有纪律的社会主义新人"③。正如"只有把握住支部同志每一时期工作上发生的各种失望和忽略的情绪，给以预先的具体的领导，才能使支部同志团结在我们的领导之下，相信我们的领导，而

---

① 《中国共产党支部工作条例（试行）》，见《十九大以来重要文献选编》（上册），北京：中央文献出版社2019年版，第657页。

② 《中共中央组织部负责人就印发〈中国共产党支部工作条例（试行）〉答记者问》，中国政府网，http://www.gov.cn/zhengce/2018-11/26/content_5343430.htm，2018年11月26日。

③ 《中共中央关于加强高等学校党的建设的通知》（1990年7月17日），见《加强和改进大学生思想政治教育重要文献选编（1978—2014）》，北京：知识产权出版社2015年版，第102页。

使工作得到推动。这样，就会锻炼出大批细心的有毅力的新的工作干部"①。例如，北京航空航天大学依托"月宫一号"重大科研项目团队成立的"月宫一号"党支部，成立于2014年，目前有19名党员。该支部是全国高校首届"百个研究生样板党支部"，支部所在团队曾获第二十三届"中国青年五四奖章集体"奖项。除了定期开展主题党日等专题学习、在重大历史意义纪念节点开展党建活动、坚持"三会一课"制度等外，"月宫一号"党支部还紧紧围绕团队科研任务，不断激发学生党员服务重大国家战略、把论文写在大地上的内生动力，使支部党员的使命感、责任感不断提升，归属感、凝聚力显著增强。②

四是加强政治号召，加强对学生的组织力。"群众工作的好坏，是测量党组织的巩固程度的标准之一"③。"党组织应当通过宣传党的政治主张和深入细致的思想政治工作，提高党外群众对党的认识，不断扩大入党积极分子队伍。"④ 1921年3月，李大钊同志发表了《团体的训练与革新的事业》，这是我国最早公开向革命者发出的建党号召的重要文献。⑤ 文章特别提到了"团体的训练"，即人民只有经过团体的训练，强化组织整体意识和团队精神，才能取得民众运动的胜利。刘少奇同志强调党"要把无产阶级各种伟大的特性发展到最高度。每个党员要照着这一切特性来改造自己，要使自己具备这一切的优良的特性"⑥，无产阶级

---

① 《陈云选集》（第一卷），北京：人民出版社1995年版，第24页。
② 《让高校基层党组织充满生机与活力（深聚焦）》，载《人民日报》，2021年11月15日，第5版。
③ 《巩固党和加强群众工作》（1939年9月18日），见《陈云论党的建设》，北京：中央文献出版社1995年版，第67页。
④ 《中国共产党发展党员工作细则》（2014年5月28日），见《中央党内法规和规范性文件汇编》（下册），北京：法律出版社2017年版，第955页。
⑤ 陈至立、刘吉：《中国共产党建设史》，北京：人民出版社1991年版，第31页。
⑥ 《人的阶级性》（1941年6月），见《刘少奇论党的建设》，北京：中央文献出版社1991年版，第225页。

的组织性和纪律性即为阶级伟大特性的集中体现，大学生坚定的组织观念要体现为在思想上认同组织、政治上依靠组织、工作上服从组织、感情上信赖组织，深刻明白"力不敌众，智不尽物"①，从党和人民所处的历史方位中找坐标，如毛泽东同志在抗日战争中对党员寄望的那样："中国共产党在民族战争中处于何种地位的问题，这就是共产党员应该怎样认识自己、加强自己、团结自己，才能领导这次战争达到胜利而不致失败的问题。"②在高校普遍推进班团一体化的背景下，特别需要发挥党支部对班团一体化的带动引领作用，强化对团支委和班级的领导，充分发挥学生党员参与学生事务的积极性。

第五节 以推优入党工作为切入点，强化党对高校共青团的政治领导

《条例》第八章专门论述党组织对群团组织的领导，其中在群团组织构成中增加了妇女组织，强调高校党委要研究关注学生会和学术组织的重大问题，单独列出要"加强学生社团管理"这一共青团直接发挥指导作用的工作范畴，"学校团委和有关部门要在党委领导下把握学生社团建设和发展的方向"，"高校党委要把加强和改进学生社团工作作为学校贯彻党的教育方针、推进素质教育的重要组成部分，纳入学校整个工作计划之中"③。需要强调的是，《条例》删掉了"独立自主地"开展工

---

① 《韩非子》，北京：中华书局2010年版，第682页。
② 《论中国共产党在民族战争中的地位》（1938年10月14日），见《毛泽东选集》（第二卷），北京：人民出版社1991年版，第520页。
③ 《共青团中央、教育部关于加强和改进大学生社团工作的意见》（2005年1月13日），见《加强和改进大学生思想政治教育重要文献选编（1978—2014）》，北京：知识产权出版社2015年版，第286页。

作的表述。另外，第五章党员队伍建设第二十一条新增了党员发展的重要规定："将团组织推优作为确定学生入党积极分子的重要渠道。建立从高中到大学、从大学到研究生阶段入党积极分子接续培养机制，加大在高校低年级学生中发展党员力度。"从高校党务工作实践看，推优入党工作是高校共青团发挥政治作用的重要载体。

《中共中央关于加强和改进党的群团工作的意见》要求，"把群团建设纳入党建工作总体部署。完善党建带群建制度机制，把党建带群建作为党建工作责任制的重要内容。统筹基层党群组织工作资源配置和使用，基层党组织活动阵地、党员服务站点的规划建设应该考虑群团组织需要。"[①] 需要说明的是，共青团在高校的地位极为特殊，事实上与学校党委学生工作部在多项工作中处于平行交叉、互相配合、相互支撑的状态，特别是院系团组织深入参与了学生党建工作，切实加强党对共青团工作的领导是高校党的政治建设的重要工作内容。高校共青团"以对党的政治忠诚承担着政治录用的重要任务，发挥着特有的补充新鲜血液的政治作用"[②]。在一段时间也强调过，"没有建立党支部的班，要以团支部为核心，充分发挥学生党员和班委会的作用。"[③]

建党初期，"中共在知识青年中的吸引力远比在工人中的吸引力大，故早期中共在知识青年中开展组织工作，比在工人中发展较为顺利。"[④] 党员之间互称为"大学同学"，而把青年团员称做"中学同学"。[⑤] 任何一个成熟的政党都高度重视事业的传承和发展。为永葆党的生机活力，

---

① 《中共中央关于加强和改进党的群团工作的意见》（2015年1月18日），见《十八大以来重要文献选编》（中册），北京：中央文献出版社2016年版，第306页。
② 张华：《中国共产主义青年团职能研究》，北京：人民出版社2013年版，第267页。
③ 刘祖春：《在北京高等学校学生思想政治工作会议上的总结讲话》，见《北京高等教育文献资料选编（1977—1992）》，北京：首都师范大学出版社2008年版，第171页。
④ 王奇生：《党员、党权与党争》，北京：华文出版社2010年版，第29页。
⑤ 李一氓：《模糊的荧屏》，北京：人民出版社1992年版，第46页。

选择什么样的年轻人充实到党的队伍里,是现代政党面临的重大课题。青年工作是马克思主义政党自身建设的重要组成部分,"马克思主义的政党只有赢得青年,才能赢得未来","我们党要赢得青年,就必须用先进的理论引导青年,用光辉的事业凝聚青年,用良好的作风吸引青年。"① 党的基层组织应当把吸收具有马克思主义信仰、共产主义觉悟和中国特色社会主义信念,自觉践行社会主义核心价值观的先进分子入党,作为一项经常性重要工作。②

从社会成员构成的角度看,青年是一个年龄概念,蕴含着希望、未来、开创、梦想、代际传承、使命传递的意义。而在党的建设中,青年具有更丰富的政治内涵。一方面,青年入党不仅为组织增添了新的血液,也带来了新的看法和见解,世界共产主义运动史上有很多没有重视青年的特殊性而影响党的事业发展的沉痛教训;另一方面,党内生活对青年党员既是教育成长的政治平台,也是难得的政治实践经历。

李大钊热切期盼"新青年打起精神,于政治、社会、文化、思想种种方面开辟一条新路径,创造一种新生活,以包容覆载那些残废颓败的老人,不但使他们不妨害文明的进步,且使他们也享享新文明的幸福,尝尝新生活的趣味"③,孙中山领导的同盟会在革命形势复杂变化的过程中注意"以教育为进取,察学生之有志者联络之"④,1900 年惠州起义失败后,更是认识到"要使活动在海外的革命组织与本土的革命潜在源泉——生活在下层的农民的切身利益联系起来,光靠会党的力量是不够

---

① 《在纪念共产主义青年团成立八十周年大会上的讲话》(2002 年 5 月 15 日),见《十五大以来重要文献选编》(下册),北京:中央文献出版社 2011 年版,第 2389 页。
② 《中国共产党发展党员工作细则》,见《最新常用党内法规》,北京:法律出版社 2017 年版,第 123 页。
③ 《新约!旧约!》(1918 年 5 月 15 日),见《李大钊全集》(第二卷),北京:人民出版社 2013 年版,第 291 页。
④ 《致魏兰书》,见《陶成章集》,北京:中华书局 1986 年版,第 189 页。

的，必须有一批优秀的知识分子去发动组织"。①

党是阶级的先进部队，是阶级的领导者和组织者，是整个运动及其根本和主要目的的代表。② 同时，"党产生于苏维埃、工会和青年组织之前。可以这样说，党是这些组织的哺育者，它以自己的活动准备和加快了它们的诞生，帮助它们得到巩固并成为社会生活的强大因素"③。"若是党的组织不能扩大，则政治工作和工人及农民运动不能充分的发展，仍然使团没有发展的机会"④。"共产主义青年团只有把自己的训练、培养和教育中的每一步骤同参加全体劳动者反对剥削者的总斗争联系起来，才符合共产主义青年团这一称号。"⑤ 因此，我们党如何围绕事业发展和工作任务的要求来选择靠得住的青年加入组织，事关党的前途命运。

建党之初，党中央安排了张太雷、蔡和森等骨干分子领导和组织团的建设工作。大革命时期，中国共产党与国民党第一次合作期间，中国社会主义青年团担负了巩固和扩大党的青年群众基础的责任，党的重要领导人、青年运动的杰出代表恽代英同志直接担任团中央局常委并负责学生部工作。⑥ 土地革命开始后，与包括国民党在内的其他政治组织争夺青年运动的领导权和发展青年党员是党的城市工作的重要内容，在农

---

① 杨德山：《中国近代资产阶级政党学说研究》，北京：人民出版社2002年版，第59页。

② 《社会民主党和临时革命政府》，见《列宁专题文集（论无产阶级政党）》，北京：人民出版社2009年版，第337页。

③ ［苏］K. M. 谢戈列夫：《党的建设》，北京：求实出版社1983年版，第466页。

④ 《怎样使团的工作青年化群众化》（1926年），见《任弼时选集》，北京：人民出版社1987年版，第21页。

⑤ 《青年团的任务》（1920年10月2日），见《列宁全集》（第三十九卷），北京：人民出版社2017年第2版增订版，第342页。

⑥ 王健英：《中国共产党组织史资料汇编（领导机构沿革和成员名录）》，北京：红旗出版社1983年版，第25页。

村发展青年党员被作为夯实和巩固党的阶级基础的政治途径。

新中国成立以来，党中央关心支持青年的突出表现就在于将青年工作纳入党的建设的总体布局之中。

> 中央同意团中央关于一九六零年接收新团员的计划。一九六零年接收新团员的数目应当控制在四百万人以内。在接收新团员的工作中，要特别注意新团员的质量，不要为了追求数量而降低团员的条件。①

新世纪初，教育部和共青团中央联合发文强调："加强和改进高校团的建设，是保证党的事业后继有人的需要。……高校共青团在培养中国特色社会主义合格建设者和接班人的过程中承担着重要职责，必须始终把思想建设作为高校团的建设的首要任务，把自己锻造成团结和凝聚大学生跟党走中国特色社会主义道路的坚强核心。"② 必须坚持党建带团建，进一步加强党对高校团的建设领导，"要把高校团的建设纳入党的建设的总体布局，把团建工作开展情况作为检查、评估、考核校（院系）党建工作的一项重要内容，予以高度重视。"③

中国共产党始终把青年工作放在重要位置，将吸引优秀青年加入党的队伍作为政治使命和政治任务。自 20 世纪 90 年代后期开始，中国高校招生规模迅速扩大，高等教育在较短的时间内先后完成了大众化和普

---

① 《中共中央转发共青团中央关于一九六零年接收新团员计划请示的批示》，见《中共中央文件选集》（第 33 册），北京：人民出版社 2016 年版，第 281 页。

② 《共青团中央、教育部关于进一步加强和改进高等学校共青团建设的意见》（2005 年 4 月 8 日），见《加强和改进大学生思想政治教育重要文献选编（1978—2014）》，北京：知识产权出版社 2015 年版，第 301 页。

③ 《共青团中央、教育部关于进一步加强和改进高等学校共青团建设的意见》（2005 年 4 月 8 日），见《加强和改进大学生思想政治教育重要文献选编（1978—2014）》，北京：知识产权出版社 2015 年版，第 302 页。

及化。越来越多的青年人通过高考进入了大学，青年的学历层次显著提高。同时，在国际经济竞争中，中国正处于从过去一段时间的"人口红利"转向人力资本提升的关键期，随着智慧经济、信息浪潮等创新业态的发展，接受了高等教育的青年人成为党和人民事业发展的重要后备力量。从深入推进党的建设新的伟大工程的高度看，高校青年的党性修养和思想政治教育对建设党的高素质人才队伍具有至关重要的作用。当代青年除了在思想上理解党的价值观、政治上领会党的历史担当外，更要在行动上积极向党组织靠拢，提高党的意识，以饱满的热情投入到党的工作中，将加入党组织作为政治进步的标志之一。

早在1989年，习近平总书记就指出，"共青团工作的改革，既不能'雷声大，雨点小'，也不能疾风骤雨，我们的改革只能是积极稳妥地推进。也就是说，胆子要大，步子要稳，态度要坚决，实施要谨慎。"①"社会主义阵地，我们一寸也不能丢。共青团要做到寸土不让。青年人往哪里去，有一个方向问题，共青团必须引导好。"② 必须把巩固和扩大党执政的青年群众基础作为政治责任。包括青年在内的广大人民群众是我们党的执政基础。共青团作为党和政府联系青年的桥梁和纽带，必须密切联系青年、有效吸引青年、广泛团结青年，把最大多数青年紧紧凝聚在党的周围。③

共青团十八大报告对未来五年共青团工作和建设进行了部署。报告全篇贯穿习近平新时代中国特色社会主义思想的灵魂和主线，并且专门用一个部分阐述如何用习近平新时代中国特色社会主义思想统领共青团工作，鲜明提出"政治建团、思想立团、固本兴团、改革强团、从严治

---

① 《摆脱贫困》，福州：福建人民出版社2014年版，第144页。
② 《摆脱贫困》，福州：福建人民出版社2014年版，第146页。
③ 《在同团中央新一届领导班子集体谈话时的讲话》，中国青年网，http://news.youth.cn/wztt/201306/t20130620_3397782.htm，2013年6月20日。

团"的原则和思路,《中共中央关于加强党的政治建设的意见》专门说明了群团组织的政治属性,强调"工会、共青团、妇联等群团组织是党领导下的政治组织,政治性是群团组织的灵魂"①。作为党领导下的先进青年的群众组织,共青团同其他群团组织相比,在政治性、先进性、群众性、组织性上显然有着更高的要求,担负着团结青年跟党走的光荣使命。因此,吸引合格青年加入党组织的常规动作就自然转化成了共青团组织推荐优秀共青团员作党的发展对象的组织工作。

改革开放以来,特别是共青团十一大将"推荐优秀团员作党的发展对象"写入团章后,各级团组织长期致力于将"推优"工作打造成发展青年党员的主要渠道,而新发展的青年党员的政治素养也将回溯影响推荐优秀共青团员成为入党积极分子的政治标准。《共青团推优入党工作实施办法》规定了政治思想上先进、道德品行上先进、发挥作用上先进、执行纪律上先进的具体条件,本书结合工作实际,进一步补充细化条件的内容,将"推优"分为两个层面:一是团组织推荐团员中的入党积极分子成为党的发展对象;二是团组织推荐团员中的入党申请人成为入党积极分子。②

中国共产党章程规定:"发展党员,必须把政治标准放在首位,经过党的支部,坚持个别吸收的原则"。③ "制定群团组织推优办法,把群团组织推优作为产生入党积极分子人选的方式之一。"④ 结合多年高校党务工作的经验,笔者倾向于认为第一个层面的"推优"即"团组织推荐

---

① 《中共中央关于加强党的政治建设的意见》,见《十九大以来重要文献选编》,北京:中央文献出版社2019年版,第801页。

② 《共青团推优入党工作实施办法(试行)》,共产党员网,https://www.12371.cn/2019/09/12/ARTI1568257227767106.shtml,2019年9月12日。

③ 《中国共产党章程》,北京:人民出版社2017年版,第47页。

④ 《中共中央关于加强和改进党的群团工作的意见》(2015年1月18日),见《十八大以来重要文献选编》(中册),北京:中央文献出版社2016年版,第307页。

团员中的入党积极分子成为党的发展对象"的工作在执行过程中具有较大操作难度，与大学生党支部培养考察环节有重复和交叉，存在多人集体入党的可能，只有具备高度政治敏锐性和卓越党务工作能力的优秀党员干部在基层党组织科学指导下方有可能妥善处理，直接运用到高校党建工作中存在诸多现实困难和认知空白，亟待相关的党建理论探索和详尽具体明确的党内法规解释。另外，按照《中共中央、国务院关于加强和改进新形势下高校思想政治工作的意见》中关于"认真做好在高校学生中发展党员工作，将'推荐优秀团员作为入党积极分子人选'作为重要渠道"① 的要求，本书所探讨的推荐优秀共青团员加入党组织指的是高校基层团组织向学生党支部推荐优秀团员中的入党申请人成为入党积极分子人选。

在中国特色社会主义群团发展道路上，高校共青团必须牢牢把握政治性的原则要求，打好跟党走的榫口，结合当代青年的思想政治特点富于创造性地开展工作，"推优"工作更要遵循青年教育的规律。换句话说，"推优"的教育价值蕴含在高校共青团对包括团员在内的广大青年的团的教育过程中。

---

① 《中共中央、国务院关于加强和改进新形势下高校思想政治工作的意见》（2016年12月4日），见《十八大以来重要文献选编》（下册），北京：中央文献出版社2018年版，第493页。

第四章　新时代高校党建的价值意蕴之三：建设高素质党员队伍

《条例》第五章党员队伍建设第十七条新增了党员教育的重要内容："加强政治理论教育和党史教育，突出政治教育和政治训练，强化党章党规党纪教育、党的宗旨教育、革命传统教育、形势政策教育和知识技能教育，推进'两学一做'学习教育常态化制度化，建立和落实不忘初心、牢记使命的制度。"第二十一条遵循党章要求，新增发展党员要"把政治标准放在首位"。

《条例》第七章思想政治工作有多处重要修改，充实完善了高校思想政治工作的内容：一是第二十八条提出"应当把理想信念教育放在首位"，"推动习近平新时代中国特色社会主义思想进教材、进课堂、进头脑"，增加"党史、新中国史、改革开放史、社会主义发展史教育"。二是第二十九条提出"构建思想政治工作体系，加强意识形态阵地管理"，"办好思想政治理论课，推进课程思政建设"。三是第三十条删掉了思想政治工作要"紧紧围绕学校的改革发展稳定，密切结合教学、科研、管理、服务等各项工作"的表述，增加了"采取多种方式，推动思想政治工作传统优势和信息技术高度融合"，进一步突出了思想政治工作的特殊性和独立性。

第五章和第七章的修改充分说明,"为谁培养人"的问题引起了党中央的高度关注,党员的政治素养、政治能力建立在对政治信仰的深入学习理解之上,可靠的接班人和合格的建设者必须要有坚定的政治信仰和鲜明的政治立场,具备独立而特殊的政治面貌。随着青年知识群体的数量不断增加,高校已然成为培养党员的重要通道,"努力建设政治合格、执行纪律合格、品德合格、发挥作用合格的党员队伍"① 在高校党建工作中占有重要位置。

近代大学产生伊始就肩负着传承国家民族思想的文化责任,并在明伦厚俗、"以文德绥太平"的坚守中作为一个文化整体而获得了浑厚的精神力量、深刻的道德力量和巨大的感召力量。沿着文脉延续的教育传统,高校的政治信仰与文化信仰、思想理念紧密结合。西方政党研究者认为,"革命意味着结构上和意识形态上与先前制度的决裂。它们将改变一个国家的政治与社会经济结构,并往往伴有旨在推翻旧制度的暴烈的群众运动。革命将改变国家的领导权和政策导向,而伴随着革命政权而来的则是一种新的时代意识,一种开启了政治体历史上新纪元的观念。"② 从中可以看出,在政治变革后,充满革命风采的时代意识、政治信念浸入教育文化和宣传思想阵地具有历史必然性,这必将重塑高校的政治信仰。

有研究认为,"总结新中国成立以来高等教育的发展和改革,特别是改革开放初期反对资产阶级自由化,反对和平演变斗争的经验教训,担负着培养社会主义现代化建设合格人才重任的高校,必须要坚持社会主义方向,必须要加强和改善党的领导,加强党的建设,充分发挥党组织和党员的作用。同时,党中央深刻认识到系统规划高校思想政治教育

---

① 《中国共产党党员教育管理工作条例》,载《人民日报》,2019年5月22日,第1版。
② [美]罗伯特·E.戈定:《牛津比较政治学手册》(上册),北京:人民出版社2016年版,第396页。

体系的必要性，而加强党的建设、党的领导，发挥党组织和党员的作用是加强和推进高校思想政治教育体系建设实现系统化的关键。"① 而要分析党员作用必须回答党员标准和教育管理的政治内涵是什么这一问题。

第一节　政治标准与政治担当——严把大学生党员入口关

党员是党的肌体细胞，是"无产阶级群众最忠实的领袖"②。毛泽东同志在新中国成立初期，从保证党的纯洁性的角度指出："今后必须采取谨慎地发展党的组织的方针，必须坚决地阻止投机分子入党，妥善地洗刷投机分子出党。"③ 刘少奇在《论共产党员的修养》中提出："我们共产党员，是近代历史上最先进的革命者，是改造社会、改造世界的现代担当者和推动者。共产党员是在不断同反革命的斗争中改造社会，改造世界，同时改造自己的。"④

在党的建设中，党员的意义和作用这一问题"占有头等重要的位置"，"只有共产党真正成为革命阶级的先锋队，吸收了这个阶级的一切优秀代表，集中了经过顽强的革命斗争的教育和锻炼的、完全觉悟的和忠诚的共产主义者，把自己根本阶级的全部生活密切联系起来，再通过本阶级跟全体被剥削群众密切联系起来，取得这个阶级和这些群众的充

---

① 冯刚、张晓平、苏洁：《中国共产党高校思想政治教育发展史》，北京：人民出版社2021年版，第127页。

② 《无产阶级在我国革命中的任务》（1917年4月10日），见《列宁全集》（第二十九卷），北京：人民出版社2017年第2版增订版，第181页。

③ 《为争取国家财政经济状况的基本好转而斗争》（一九五零年六月六日），见《建国以来重要文献选编》（第二册），北京：中央文献出版社2011年版。

④ 刘少奇：《论共产党员的修养》（第2版），北京：人民出版社1962年版，第3页。

分信任。——只有这样的党才能在反对资本主义一切势力的最无情最坚决的最后斗争中领导无产阶级。"①

马克思、恩格斯围绕在资本主义社会中长期奋斗的工人阶级政党战斗力、凝聚力提升的政治需要，提出了很多重要观点，其中党员所具有的党性修养至少包括两个方面：坚定的斗争牺牲精神和高尚纯洁的政治品格。②

中国共产党成立初期，正值帝国主义重新划分世界版图之际，越来越多的国家民族和地区沦为了欧美日列强的殖民地半殖民地，中华民族陷入衰退和危亡的泥潭，部分意志薄弱者丧失了民族信心，此时更要突出大学生青年党员的英勇牺牲精神和大无畏奋斗精神：在黑暗与光明的焦灼中奋不顾身、勇往直前以救焚拯溺，坚决克服悲观失望、彷徨无措的政治态度，以无产阶级革命思想为指引，为建立无产阶级专政的新社会而深入研究马克思主义理论，强化阶级观念和组织意识。

在革命战争年代"党员军事化"的背景下，毛泽东强调共产党员要成为"英勇作战的模范，执行命令的模范，遵守纪律的模范，政治工作的模范和内部团结统一的模范"③。我们党高度重视青年知识分子党员的政治标准，以确保党的成分的纯洁。陈云强调"党的性质和党员的成分与入党的条件是有着密切的关系的，在党的建设中党员的意义和作用这一问题，占有头等重要的位置"，因此要特别注意"吸收知识分子中革命的贫苦的成分入党"，因为"他们贫苦的生活决定他们最易接近党，并且他们比较接近社会的下层。思想和生活习惯都与劳苦群众有密切的

---

① 《关于共产国际第二次代表大会的基本任务的提纲》（1920年7月4日），见《列宁全集》（第三十九卷），北京：人民出版社2017年第2版增订版，第185页。
② 杨德山：《中国共产党的政党学说》，北京：中共党史出版社2005年版，第108页。
③ 《中国共产党在民族战争中的地位》，见《毛泽东选集》（第二卷），北京：人民出版社1991年版，第522页。

联系"。① 基于此,陈云提出了党员的标准,其中在学习标准中强调"每个共产党员要随时随地在工作中学习理论和文化,努力提高自己的政治水平和文化水平,增进革命知识,培养政治远见"②,进一步丰富了青年党员标准的内涵。

1951 年,新中国成立以后第一次全国组织工作会议召开,会议发出了"为更高的共产党员条件而斗争"的政治号召,刘少奇同志在总结报告中指出,"现在必须把党员的条件提到尽可能的适当的高度",即面对新的更伟大更艰苦的革命任务,普通工人和其他劳动人民的觉悟程度日益提高,作为工人阶级先锋队的共产党员的条件必须更加提高,在党史上第一次正式明确提出了共产党员标准的八项条件。

1980 年 2 月,邓小平在党的十一届五中全会上提出:"执政党应该是一个什么样的党,执政党的党员应该怎样才合格,党怎样才叫善于领导"③。发挥党的政治优势和组织优势,做好大学生思想政治教育工作。高等学校党组织要高度重视学生党员发展工作,坚持标准,保证质量,把优秀大学生吸纳到党的队伍中来。对入党积极分子要注重早期培养,加强制度建设,严格发展程序,进行系统的党的知识教育和实践锻炼。对大学生党员要加强党员先进性教育,使他们严格要求自己,提高党性修养,充分发挥在大学生思想政治教育中的骨干带头作用和先锋模范作用。④ 中共中央组织部曾在 1982 年 9 月发布的《关于加强在中年知识分

---

① 《怎样做一个共产党员》(1939 年 5 月 30 日),见《陈云论党的建设》,北京:中央文献出版社 1995 年版,第 34 页。

② 《怎样做一个共产党员》(1939 年 5 月 30 日),见《陈云论党的建设》,北京:中央文献出版社 1995 年版,第 49 页。

③ 《坚持党的路线,改进工作方法》(1980 年 2 月 29 日),见《邓小平文选》(第二卷),北京:人民出版社 1994 年版,第 276 页。

④ 《中共中央关于加强和改进大学生思想政治教育的意见》(2004 年 8 月 26 日),见《加强和改进大学生思想政治教育重要文献选编(1978—2014)》,北京:知识产权出版社 2015 年版,第 268 页。

子中发展党员工作的报告》中指出:"要进一步加强在知识分子中发展党员的工作,吸收那些具备党员条件的各类专业技术人员入党","在知识分子中发展党员的主要对象应是中年知识分子中的优秀分子"。①

党中央做出改革开放的伟大决策以来,社会主义市场经济塑造了新的组织形态和就业形式,高等教育从精英化向大众化过渡并在短时间内进入普及化的过程中全球价值链重组的浪潮不期而至。大学生作为个体应对社会压力的调节能力不断提高,同时对工作学习乃至人生期待的不安以及对未来成长的不确定性也在增加。这种情况下,大学生党员队伍的建设呈现了新的特点,鼓励大学生党员立志改革开放、献身社会主义现代化建设事业,激励大学生党员矢志奉献、学成报国。"加强大学生中党的建设要与坚持社会主义办学方向、为'四化'建设培养合格人才的根本任务联系起来。"②"要把大学生中党员的发展工作和党的建设工作列入党委的重要议事日程,按照中组部的要求,每学期进行一次检查、总结和部署,使之经常化、制度化。"③

江泽民同志勉励西藏学生布仁巴雅尔:"把坚定的决心转化为刻苦学习的动力,按照共产党员的标准严格要求自己,早日成为一名光荣的共产党员"④。习近平总书记在浙江工作期间,从加强基层党组织战斗力、凝聚力的角度深刻指出:"党员身份决定着,一名党员无论在什么地方、什么岗位,他的第一身份是共产党员,第一职责是为党工作,第一目标是为民谋利,办任何事情都要想到党,想到党的事业和党所代表

---

① 中共中央组织部、中共中央文献研究室:《知识分子问题文献选编》,北京:人民出版社1983年版,第188页。
② 苏坡:《进一步做好大学生中党员的发展工作》,见《北京高等教育文献资料选编(1977—1992)》,北京:首都师范大学出版社2008年版,第621页。
③ 苏坡:《进一步做好大学生中党员的发展工作》,见《北京高等教育文献资料选编(1977—1992)》,北京:首都师范大学出版社2008年版,第621页。
④ 《江泽民总书记给北京医科大学学生布仁巴雅尔的回信》,载《中国教育报》,1989年12月19日。

的群众利益,做任何工作都要想到是代表党去开展工作,有任何成绩都要想到是党组织领导和培养的结果。"①

中国特色社会主义进入新时代以来,平台经济、智慧经济等新经济业态的迅速发展,对大学生的择业观和学习观都产生了重大影响,大学生党员有了更多展现党员形象、体现党员担当的载体。为进一步改善党员队伍结构,2013年1月,中央政治局会议研究部署新形势下加强党员发展和管理工作,习近平总书记强调,要"不断提高党员发展和管理工作科学化水平,着力把各方面先进分子和优秀人才更多吸收到我们党内,努力建设一支规模适度、结构合理、素质优良、纪律严明、作用突出的党员队伍"②。习近平总书记关于加强党员队伍建设、发展党员工作的重要指示批示精神,站在党和国家未来的战略高度。高校学生党员是学生中的骨干分子,学生党员队伍建设是高校党的建设的基础工程③。作为高校党建工作的重点问题之一,大学生党员的标准是建设高质量大学生党员队伍的工作依据,也是一个需要长期研究和深入探讨的主题。教育主管部门也致力于从"思想政治、能力素质、道德品行、现实表现等方面进一步明确学生党员具体标准"④。我们党对党员有统一的标准要求,标准在不同类型的党员群体中有具体的表现,而不同职业、年龄、类别的党员需要有更精准的定位和更细化的标准解读。"党的先进性是历史的、具体的,共产党员的先进性也是历史的、具体的。不同的历史

---

① 《之江新语》,杭州:浙江人民出版社2007年版,第136页。
② 《中共中央政治局召开会议 研究部署加强新形势下党员发展和管理工作》,载《人民日报》,2013年1月29日。
③ 《中共中央组织部、中共中央宣传部、中共教育部党组关于进一步加强高校学生党员发展和教育管理服务工作的若干意见》,见《加强和改进大学生思想政治教育重要文献选编(1978—2014)》,北京:知识产权出版社2015年版,第606页。
④ 《中共中央组织部、中共中央宣传部、中共教育部党组关于进一步加强高校学生党员发展和教育管理服务工作的若干意见》,见《加强和改进大学生思想政治教育重要文献选编(1978—2014)》,北京:知识产权出版社2015年版,第606页。

时期，我们党对党员先进性有不同的要求。"① 在党的事业发展的不同阶段，大学生党员的标准也随时代要求而发展。

基于此，本书希望进一步明确和细化高校党员的政治标准，实现政治标准与德育目标的结合。

一、严把师生党员的政治信念关

一般来说，马克思主义中国化主要包括两类突出的文本成效：一是说出了马克思主义经典作家没有说过、没有说全的话，二是对"老祖宗"说过的话进行深入的阐发、解读和发展。美国政治家基辛格在评价毛泽东思想时也谈道："毛泽东新思想的主要贡献不仅在于它的战略思想，更在于藐视世界强权，敢于走自己的路的坚强意志。"② 因此，中国共产党人的政治信念需要基于中国党情特点加以分析。

陈云结合革命战争年代党的建设和党的工作需要时指出：

> 工人成分是党的基础，党特别要注意在自己的组织内加强工人的成分。对于在日常斗争中和革命运动中训练出来的其他阶级出身的分子，党并不拒绝将他们吸收到自己队伍中来，但是他们必须放弃自己原有的非无产阶级的、非共产主义的立场。党坚决反对不保持党的成分的纯洁，不加强无产阶级的骨干，不以共产主义为根本目标，使党降为各阶级的"民族革命联盟"的任何观点，而牢固地确立一切党员都必须为无产阶级的共产主义事业奋斗终身的思想。③

---

① 欧阳淞：《党的建设论稿》，北京：党建读物出版社2011年版，第472页。
② 基辛格：《论中国》，北京：中信出版社2011年版，第139页。
③ 《怎样做一个共产党员》，见《陈云论党的建设》，北京：中央文献出版社1995年版，第39页。

习近平总书记说，"对党忠诚，关键是要有坚定的理想信念。"①"抓党的建设，要把抓理想信念贯穿始终，对新党员要抓，对老党员也要抓；对普通党员要抓，对党员领导干部更要抓。要探索新形势下对党员、干部理想信念进行检验的具体途径、具体标准"②，"信念坚定，是邓小平同志一生最鲜明的政治品格，也永远是中国共产党人应该挺起的精神脊梁。"③

党的纯洁性既体现为成员政治身份的纯洁，更强调政治立场的纯粹。指导思想是一个政党的精神旗帜。"马克思主义传入中国后，中国共产党的早期创立者，经过亲身实践、审慎思考、反复推求，选择了马克思主义。"④ 可见，党员的政治信念与党的政治思想的同步性，中国共产党之所以能够完成近代以来各种政治力量不可能完成的艰巨任务，就在于始终把马克思主义这一科学理论作为自己的行动指南，并坚持在实践中不断丰富和发展马克思主义。这使我们党得以摆脱以往一切政治力量追求自身利益的局限，以唯物辩证的科学精神、无私无畏的博大胸怀领导和推动中国革命、建设、改革，不断坚持真理、修正错误。⑤

在共产主义理想的分析解读上，**马克思、恩格斯为无产阶级从巨大的贫穷渊薮中指明了革命道路和奋斗方向，以成为"完整的"和"全面的"人为目标，立足人的自我异化的积极扬弃，阐述共产主义的历史基础、社会特征和伟大解放**。从产生社会主义的生产方式出发，马克思还进一步指出，"正如欧文详细说明过的那样，从工厂制度中产生了未来时代的教育萌芽，这种教育……不仅是增加社会生产的一个手段，并且是培养全面发展的人的唯一方法"。恩格斯提出了共产主义思想的战斗

---

① 《论中国共产党历史》，北京：中央文献出版社 2021 年版，第 105 页。
② 《论中国共产党历史》，北京：中央文献出版社 2021 年版，第 99 页。
③ 《习近平谈治国理政》（第二卷），北京：外文出版社 2017 年版，第 3 页。
④ 《中国共产党的历史使命与行动价值》，北京：人民出版社 2021 年版，第 24 页。
⑤ 《习近平谈治国理政》（第二卷），北京：外文出版社 2017 年版，第 33 页。

性,"现代被压迫阶级即无产阶级如果不同时使整个社会摆脱阶级划分,从而摆脱阶级斗争,就不能争得自身的解放。因此,共产主义现在已经不再意味着凭空设想一种尽可能完善的社会理想,而是意味着深入理解无产阶级所进行的斗争的性质、条件以及由此产生的一般目的。"①

中国共产党人把共产主义理想与党性修养紧密联系起来。毛泽东同志说,"我们共产党人从来不隐瞒自己的政治主张。我们的将来纲领或最高纲领,是要将中国推进到社会主义社会和共产主义社会去,这是确定的和毫无疑义的。我们的党的名称和我们的马克思主义的宇宙观,明确地指明了这个将来的、无限光明的、无限美妙的最高理想。"② 任弼时从党的革命性出发,鲜明概括了党性的特点,"共产党员的党性,就是无产阶级最高度的阶级觉悟和阶级意识","党性是以党员的思想意识、政治观点、言论行动来作标志,来测量的"。③ 邓小平强调"我们一定要经常教育我们的人民,尤其我们的青年,要有理想。为什么我们过去能在非常困难的情况下奋斗出来,战胜千难万险使革命胜利呢?就是因为我们有理想,有马克思主义信念,有共产主义信念。我们干的是社会主义事业,最终目的是实现共产主义"④。

党的十九大报告指出,要把坚定理想信念作为党的思想建设的首要任务,党员要自觉做共产主义远大理想和中国特色社会主义共同理想的

---

① 《关于共产主义者同盟的历史》,见《马克思恩格斯选集》(第四卷),北京:人民出版社2012年版,第203页。

② 《论联合政府》(1945年4月24日),见《毛泽东选集》(第三卷),北京:人民出版社1991年版,第1059页。

③ 《关于增强党性问题的报告大纲》(1941年),见《任弼时选集》,北京:人民出版社1987年版,第231页。

④ 《一靠理想二靠纪律才能团结起来》(1985年3月7日),见《邓小平文选》(第三卷),北京:人民出版社1989版,第229页。

坚定信仰者和忠实实践者。① 习近平总书记在十九届中央政治局举行第五次集体学习时重申《共产党宣言》的时代价值，就是希望全体党员感悟马克思主义的真理力量，坚定共产主义信仰的理论之基。需要说明的是，大学生党员**要通过扎实深入地学习不断提高政治理论素养**，在政治学习中分清科学社会主义理论中的共产主义与无政府主义、魏特林式的粗陋的平均共产主义的明显区别，牢固树立共产主义远大理想，用共产主义思想道德来激发学习实践的持久动力，在理想信念指引下强化专业学习，如列宁寄语年青一代所说，"你们当前的任务是建设，你们只有掌握了一切现代知识，**善于把共产主义由背得烂熟的现成公式、意见、方案、指示和纲领变成能把你们的直接工作统一起来的活生生的东西，把共产主义变成你们实际工作的指针**"②，才能完成建设共产主义社会的任务。中国特色社会主义新时代，是全面建成小康社会，进而全面建设社会主义现代化强国的时代。大学生党员必须坚定中国特色社会主义信念，深刻认识共产主义远大理想和中国特色社会主义共同理想的辩证关系，既不能离开发展中国特色社会主义事业、实现民族复兴的现实工作而空谈远大理想，也不能因为实现共产主义是一个漫长的历史过程就讳言甚至丢掉远大理想。③

习近平强调"信念是本，作风是形，本不正而形必散，本正而形聚"④。大学生党员只有树立了坚定的中国特色社会主义信念，才能与各

---

① 《决胜全面建成小康社会，夺取新时代中国特色社会主义伟大胜利（2017年10月18日）》，北京：中央文献出版社2019年版，第44页。

② 《青年团的任务》（1920年10月2日），见《列宁全集》（第三十九卷），北京：人民出版社2017年第2版增订版，第337页。

③ 《习近平出席十九届中央纪委二次全会并发表重要讲话（2018年1月11日）》，新华网，http://www.xinhuanet.com/politics/leaders/2018-01/11/c_1122246701.htm，2018年1月11日。

④ 《习近平关于党风廉政建设和反腐败斗争论述摘编》，北京：中央文献出版社、中国方正出版社2015年版，第146页。

种亚信仰、伪信仰划清界限。如马克思所说，"在不同的财产形式上，在社会生存条件上，耸立着由各种不同的、表现独特的情感、幻想、思想方式和人生观构成的整个上层建筑。整个阶级在其物质条件下和相应的社会关系的基础上创造和构成这一切。通过传统和教育承受了这些情感和观点的个人，会以为这些情感和观点就是他的行为的真实动机和出发点"①。在一个思想碰撞激烈、意识形态复杂多元的环境中，大学生党员将接触到形形色色的思想观念，其中很多具有相当的模糊性，必须高度警惕。

二、严把师生党员的政治理论关

马克思主义政党是由先进思想武装起来的无产阶级先锋队，高度重视思想理论建设。习近平总书记指出："没有先进理论的指导，没有用先进理论武装起来的先进政党的领导，没有先进政党顺应历史潮流、勇担历史重任、敢于作出巨大牺牲，中国人民就无法打败压在自己头上的各种反动派，中华民族就无法改变被压迫、被奴役的命运，我们的国家就无法团结统一，在社会主义道路上走向繁荣富强。"② "理论修养是干部综合素质的核心，理论上的成熟是政治上成熟的基础，政治上的坚定源于理论上的清醒。从一定意义上说，掌握马克思主义理论的深度，决定着政治敏感的程度、思维视野的广度、思想境界的高度。"③

面对世情国情党情的深刻变化，新时代大学生党员必须自觉加强思

---

① 《路易·波拿巴的雾月十八日》，见《马克思恩格斯选集》（第一卷），北京：人民出版社2012年版，第695页。

② 《论中国共产党历史》，北京：中央文献出版社2021年版，第119页。

③ 周楠：《习近平总书记在中央政治局专题民主生活会上的重要讲话在基层党员干部中产生强烈反响》，新华网，https://www.xinhuanet.com/politics/2015-12/30/c_1117631540.htm，2015年12月30日。

想理论学习，深刻理解"共产党员有了革命的理论，才能从复杂万分的事情中弄出一个头绪，从不绝变化的运动中找出一个方向来"①。"理论只要说服人，就能掌握群众；而理论只要彻底，就能说服人。所谓彻底，就是抓住事物的根本。"② 因此，大学生党员一方面要深入学习领会习近平新时代中国特色社会主义思想的精神实质、科学内涵和实践要求，"以更加宽阔的眼界审视马克思主义在当代发展的现实基础和实践需要，坚持问题导向，坚持以我们正在做的事情为中心，聆听时代声音，更加深入地推动马克思主义同当代中国发展的具体实际相结合"③；另一方面要强化理论运用，就是完成理论到实践的再次飞跃，努力把理论转化为奉献担当的实际行动，转化为具体的成长进步，转化为身边群众的实际获得，增强服务新时代改革开放的思想自觉、政治自觉、行动自觉。

三、严把师生党员的政治学习关

习近平总书记强调，在新时代的征程上，全党同志一定要弘扬理论联系实际的学风，紧密联系党和国家事业发生的历史性变革，紧密联系中国特色社会主义进入新时代的实际，紧密联系我国社会主要矛盾的重大变化，紧密联系"两个一百年"奋斗目标和各项任务，自觉运用理论指导实践。④

一是在专业学习中增强学习党的理论创新成果的政治自觉。中国特

---

① 《怎样做一个共产党员》（1939年5月30日），见《陈云论党的建设》，北京：中央文献出版社1995年版，第49页。
② 《〈黑格尔法哲学批判〉导言》，见《马克思恩格斯选集》（第一卷），北京：人民出版社2012年版，第9页。
③ 《论中国共产党历史》，北京：中央文献出版社2021年版，第123页。
④ 《习近平谈治国理政》（第三卷），北京：外文出版社2020年版，第63页。

色社会主义是全面发展的社会主义，政治建设、经济建设、文化建设、社会建设、生态文明建设、党的建设需要有真才实学的高素质优秀人才，朝气蓬勃的青年大学生只有具备硬本领和真本事才能把党的领袖的号召变为实际的行动。伟大民族梦想的实现需要青年实实在在的付出和脚踏实地的努力。大学生必须在掌握充足的现代科学文化知识的基础上才能对政治学习的实践意义和指导价值有更深刻的体会。大学生党员更应把潜研笃行、德业双修作为至高的学业追求。

二是学生党员只有在专业学习中形成良好的学习习惯，才能更好地进行政治学习。列宁从布尔什维克理论建设的角度讲道，"社会民主党的理论学说也是完全不依赖于工人运动的自发增长而产生的，它的产生是革命的社会主义知识分子的思想发展的自然和必然的结果"①，由此可见，大学生通过扎实的专业积累形成学习迁移能力，才可以更好地学习政治理论。

三是扎实的政治学习是增强党性修养的前提。中国特色社会主义进入新时代以来，高校党组织开展了多种层次和形式的主题教育学习活动，重学习、勤学习、真学习已经成为高校师生政治生活的常态。大学生党员普遍增强了结合所学知识来进一步学习和掌握党的基本理论的主动性和自觉性。

四是勤奋学习的态度是知识分子党员思想品质的体现。经济新常态中社会转型加速，普通大众的焦虑和不稳定情绪会直接反映到青年人的思想政治教育课程和专业课程的学风中来，青年人对社会和自我的理解都处于主观认知阶段，缺少实践验证，容易被各种虚无思潮裹挟，出现游戏式的虚拟广场般的肆意。再加上不良流行文化鼓励青年以玩世不恭、荒诞不经的姿态重构舆论场的内容，因此各种调侃乃至戏弄学习本

---

① 《怎么办?》(1901年秋—1902年2月)，见《列宁专题文集（论无产阶级政党）》，北京：人民出版社2009年版，第29页。

身的恶搞不断出现。有志青年应该把学习作为长期的精神追求和长久的生活方式，在认真学习中提升进步意识和先锋意识。

五是要增强向实践学习、向群众学习的意识。真理来自实践，实践成果由辛勤的劳动浇灌而成。劳动教育是中国特色社会主义教育制度的重要内容，直接决定社会主义建设者和接班人的劳动精神面貌、劳动价值取向和劳动技能水平。①

第二节　政治自觉与政治本领——党员发展教育的路径遵循

2014年5月28日，中共中央组织部制定的《中国共产党发展党员工作细则》明确规定了入党积极分子接受教育的程序：党组织通过宣传党的政治主张和深入细致的思想政治工作，提高党外群众对党的认识，不断扩大入党积极分子队伍；应当指定一至两名正式党员作入党积极分子的培养联系人，向入党积极分子介绍党的基本知识，了解入党积极分子的政治觉悟、道德品质、现实表现和家庭情况等，做好培养教育工作，引导入党积极分子端正入党动机。② 2017年2月28日，教育部党组发布了《普通高等学校学生党建工作标准》，进一步规范了发展入党积极分子的程序：党组织收到入党申请书后，应当在一个月内与入党申请人谈话，指派培养联系人了解入党积极分子思想状况。在入党申请人中采取党员推荐、群团组织推优等方式，支部委员会（不设支部委员会的

---

① 曹建：《中共中央 国务院关于全面加强新时代大中小学劳动教育的意见》，教育部，https://www.moe.gov.cn/jyb_xxgk/moe_1777/moe_1778/202003/t20200326_435127.html，2020年3月26日。

② 《最新常用党内法规》，北京：法律出版社2017年版，第124页。

由支部大会）研究决定，并报上级党组织备案的程序确定入党积极分子。入党积极分子参加党校学习、开展集中培训，并定期向党组织进行书面或口头思想汇报。党支部每半年对入党积极分子进行一次考察。院（系）党组织每年对入党积极分子队伍作一次培养状况分析。① 关于党员发展对象的认定，《中国共产党发展党员工作细则》规定："对经过一年以上培养教育和考察、基本具备党员条件的入党积极分子，在听取党小组、培养联系人、党员和群众意见的基础上，支部委员会讨论同意并报上级党委备案后，可列为发展对象。"②

在中国共产党成立初期，被介绍入党的人就必须接受其所在地的委员会的考察才能成为新党员。考察期限至少为两个月，如果该地区有执行委员会，必须经执行委员会批准。③ 因此，党员发展对象的确认和培养不是个人行为，而是组织行为。新中国成立初期，高校党支部在发展党员工作中，强调按照"大量的培养对象"与"严格审查、个别吸收"的原则，把老积极分子和二年级学生中的骨干作为重点培养、发展对象。④

《普通高等学校学生党建工作标准》规范了党员发展对象的考察培养程序：严格落实入党积极分子一年以上培养教育和考察的要求，党支部书记、培养联系人、入党介绍人和组织员都要承担起培养教育的责任。规范程序，严格把关，对基本具备党员条件的入党积极分子，在听取党小组、培养联系人、党员和群众意见的基础上，经支部委员会讨论

---

① 《中共教育部党组关于印发〈普通高等学校学生党建工作标准〉的通知》，教育部，https://www.moe.gov.cn/srcsite/A12/moe_1416/moe_1417/201703/t20170310_298978.html，2017年3月10日。

② 《最新常用党内法规》，北京：法律出版社2017年版，第123页。

③ 《中国共产党的第一个纲领》，见《中国政党学说文献汇编》（第二卷），北京：中国人民大学出版社2015年版，第215页。

④ 上海财经大学党委办公室：《上海财经大学党史大事记：第一卷（1949—1987）》，上海：上海财经大学党委办公室1993年，第16页。

同意并报上级党组织备案后，列为发展对象。为每一名发展对象确定两名正式党员作为入党介绍人，介绍人应认真履行责任。健全落实发展对象谈心谈话和政治审查制度。对发展对象应进行短期集中培训，时间一般不少于 3 天（或不少于 24 个学时），培训突出思想入党和政治引领，并结合社会实践和志愿服务等进行党情国情教育。发展对象要定期向党组织进行书面思想汇报。①

党支部大会讨论从党员发展对象中接收预备党员的情况。按照党章规定，党员只有经过预备期的考察才能转为正式党员，因此，预备党员的教育是党员教育的入口环节。大学生党员个人的政治成长同样遵循否定之否定的规律。恩格斯说：人的思维"按它的本性、使命、可能和历史的终极目的来说，是至上的和无限的；按它的个别实现情况和每次的现实来说，又是不至上的和有限的"②。因此党员的预备期也是党员教育管理的重要阶段，是进一步强化党员思想政治教育的关键期。

《中国共产党发展党员工作细则》强调，"党组织应当通过党的组织生活、听取本人汇报、个别谈心、集中培训、实践锻炼等方式，对预备党员进行教育和考察"③。《普通高等学校学生党建工作标准》规范了预备党员的考察培养程序：院（系）党组织及时将学校党委批准的预备党员编入党支部和党小组，并认真做好预备期的培养考察记录。院（系）党组织通过党的组织生活、听取本人汇报、个别谈心、集中培训、实践锻炼等方式，对预备党员进行系统教育和综合考察，重点考察预备期的思想政治表现、个人党性分析和学习工作情况，严格执行预备党员转正

---

① 《中共教育部党组关于印发〈普通高等学校学生党建工作标准〉的通知》，教育部，https://www.moe.gov.cn/srcsite/A12/moe_1416/moe_1417/201703/t20170310_298978.html，2017 年 3 月 10 日。

② 《反杜林论》，见《马克思恩格斯选集》（第三卷），北京：人民出版社 2012 年版，第 463 页。

③ 《最新常用党内法规》，北京：法律出版社 2017 年版，第 124 页。

的组织程序和要求。

所谓"入门须正，立志要高"，加强高校预备党员考察期的教育是保证党员质量的关键，对建设学习型党组织、培养新时代接班人有十分重要的意义。党员教育管理是党的建设基础性经常性工作，必须突出实战、实用、实效，"经常性教育是集中教育基本经验和成效的延续和发展，集中教育是对经常性教育任务的集中强调和强化。"①

《中国共产党党员教育管理工作条例》将党员教育的基本任务分为了七个部分：政治理论教育、包含党内政治生活锻炼的政治训练、党章党规党纪教育、党的宗旨教育、革命传统教育、形势政策教育、知识技能教育，该条例还对七部分的内容进行了解读。②《高等学校党建工作标准》规定了党员继续教育的内容：党员继续教育结合本（专）科生、研究生等不同类型学生的特点，有计划、有安排、有落实。以增强党性与党员意识、提高思想政治素质为目标，以加强党的执政能力建设、先进性和纯洁性建设为主线，组织党员学党章党规、学党的理论创新成果，组织开展党的基本理论、基本路线、基本纲领、基本经验、基本要求和党的历史、优良传统教育，组织开展中国特色社会主义理论教育，组织开展党中央治国理政新理念新思想新战略、社会主义核心价值观和中国梦主题教育。开展学生党员遵守政治纪律和政治规矩、廉洁自律教育，引导党员政治合格、执行纪律合格、品德合格、发挥作用合格。党员每年集中培训时间一般不少于32个学时。认真开展党员经常性教育，政治意识、大局意识、核心意识、看齐意识不断增强，中国特色社会主义道路自信、理论自信、制度自信、文化自信不断增强。③

---

① 韩景阳：《高校党的建设研究》，北京：中国人民大学出版社2009年版，第156页。
② 《中国共产党党员教育管理工作条例》，载《人民日报》，2019年5月22日，第1版。
③ 《中共教育部党组关于印发〈普通高等学校学生党建工作标准〉的通知》，教育部，https：//www.moe.gov.cn/srcsite/A12/moe_1416/moe_1417/201703/t20170310_298978.html，2017年3月10日。

本书结合党员政治学习和教育管理的制度规范，根据实际工作的成效归纳了高校基层党组织对大学生党员着重开展的六方面内容。

一、加强党内团结教育，增强党性教育实效，提升大学生党员的政治素养

党的团结是大团结，毛泽东同志在《论联合政府》中指出，"我们要把我们党的一切力量在民主集中制的组织和纪律的原则之下，坚强地团结起来。不论什么同志，只要他是愿意服从党纲、党章和党的决议的。我们就要和他团结。"① 与此相反，列宁形容机会主义者的政治态度"模棱两可，含糊不清，不可捉摸"，"机会主义者按其本性来说总是回避明确地肯定地提出问题，谋求不偏不倚，在两种互相排斥的观点之间像游蛇一样蜿蜒爬行……把自己的不同意见归结为小小的修正、怀疑、天真善良的愿望等等"。② "宗派主义是主观主义在组织关系上的一种表现；我们如果不要主观主义，要发展马克思列宁主义实事求是的精神，就必须扫除党内宗派主义的残余，以党的利益高于个人和局部的利益为出发点，使党达到完全团结统一的地步"。③

习近平总书记在十八届中央纪委五次全会上指出，"必须维护党的团结，决不允许在党内培植私人势力，要坚持五湖四海，团结一切忠实于党的同志，团结大多数，不得以人划线，不得搞任何形式的派别活动。"④

---

① 《论联合政府》，见《毛泽东选集》（第三卷），北京：人民出版社1991年版，第1093页。
② 《进一步，退两步》（1904年2—5月），见《列宁专题文集》（论无产阶级政党），北京：人民出版社2009年版，第147页。
③ 《整顿党的作风》（1942年2月1日），见《毛泽东选集》（第三卷），北京：人民出版社1991年版，第825页。
④ 《加强纪律建设，把守纪律讲规矩摆在更加重要的位置》（2015年1月13日），见《十八大以来重要文献选编》（中册），北京：中央文献出版社2016年版，第350页。

党的团结既有党的中央委员会及政治局内部的团结，也有全体党员和各级党组织对党中央的团结，党的各级组织内部的团结，党的上下级组织之间的团结，党员间互帮互助的团结等。拨乱反正后，党中央总结正反两方面的历史经验，明确提出："党的团结，党同人民的团结，是我们事业胜利的基本条件。"① 可见，维护党的团结和集中统一领导是高校党的政治建设的基础要素。大学生党员处于求知和理论学习阶段，社会经验少、政治经验缺乏，容易对个人与集体的关系产生认识误区，对不讲条件的集中的政治意义体会不深，在就业市场的资源配置方式和选人用人标准呈现多样化背景下对纯洁和壮大党的组织的必要性理解不透彻，政治意识薄弱、看齐意识不足成为现阶段党建工作面临的重要难题。因此，加强高校党内团结教育的关键是增强大学生党员维护党内团结统一的自觉意识，树立同志间友爱团结的精神，坚决反对涣散党心民心的思想和行为，坚决与一切破坏党内团结的言论和行为作斗争。"坚定跟党走中国特色社会主义道路、改革开放道路的信心和决心。"②

二、加强党史学习，理解经过考验的革命家的坚强组织的伟大力量，提升大学生党员在组织上的修养

兴亡之训，尽在经史。述往思来，向史而新。"历史是最好的教科书，也是最好的清醒剂"③，毛泽东同志明确说明："指导一个伟大的革命运动的政党，如果没有革命理论，没有历史知识，没有对于实际运动

---

① 胡耀邦：《在庆祝中国共产党成立六十周年大会上的讲话》，见《中国当代哲学40年》，北京：华夏出版社1997年版，第287页。
② 《论中国共产党的历史》，北京：中央文献出版社2021年版，第11页。
③ 《习近平在纪念全民族抗战爆发七十七周年仪式上的讲话》，载《人民日报》，2014年7月8日，第2版。

的深刻的了解，要取得胜利是不可能的。"① 红色血脉是中国共产党政治本色的集中体现，是新时代中国共产党人的精神力量源泉。②

早在2014年，习近平同志就指出，"要加强党史学习和教育，努力从党走过的风云激荡的历史中、从党开创和不断推进的伟大事业中、从党全心全意为人民服务的根本宗旨和长期实践中，深化对党的信赖，坚定对党的领导的信念。"③ 从现实层面看，党史学习教育具有紧迫必然性，有学者就指出："随着时光的流逝，由于历史原貌的褪色、历史真相的困惑、历史与现实的疏远、叙说方式的僵化等问题，年轻一代对中国共产党领导人民实现民族复兴、国家独立和富强、人民富裕的切身心理感受，开始弱化"。④

纵观我们党百年风雨历程，每逢重大历史转折，我们党总是善于从历史中总结经验、寻找启迪，历史教育成为加强党的建设、推动党的事业发展的制胜法宝，为党的思想理论建设提供了精神滋养。1951年《中国共产党的三十年》正式出版，标志着包括党史教育在内的历史教育由党内推向全国，由干部教育逐步推向国民教育和社会教育等领域，党史教育进一步规范化、系统化、普及化。相关科学研究和人才培养工作机制日益完善，成立专门的党史研究机构，设立"中共党史"专业。《从鸦片战争到五四运动》《中国共产党的七十年》《中国共产党历史》等权威著作产生了巨大影响。1961年4月26日，上海市高等教育局《关于全日制高等学校当前教学工作的若干规定》指出："高等学校应一律

---

① 《中国共产党在民族战争中的地位》（1938年10月14日），见《毛泽东选集》（第二卷），北京：人民出版社1991年版，第533页。

② 《用好红色资源 赓续红色血脉 努力创造无愧于历史和人民的新业绩》，载《求是》，2021年第19期。

③ 《论坚持党对一切工作的领导》，北京：中央文献出版社2019年版，第63页。

④ 戴木才：《中国特色政治伦理——中国共产党对执政正当性的探索》，北京：商务印书馆2019年版，第197页。

开设中共党史（包括马列主义基础）、政治经济学、辩证唯物主义和历史唯物主义等三门政治理论课课程。""政治理论每门一般学习一年。文科每周6学时，内上课3学时，自修3学时；理、工、医、农各科为4—5学时，内上课2—3学时。形势任务教育与党团组织生活隔周进行一次，每次2—3学时。"①

党的十八大以来，以习近平同志为核心的党中央高度重视学习党的历史，在党的群众路线教育实践活动、"三严三实"专题教育、"两学一做"学习教育、"不忘初心、牢记使命"主题教育等党内学习活动中也就党史学习提出了一系列要求。在庆祝我们党百年华诞的重大时刻，在"两个一百年"奋斗目标历史交汇的关键节点，以习近平同志为核心的党中央组织全党集中开展党史学习教育，这是在党的历史上第一次系统强调党史学习教育。习近平总书记强调："我们党抓党的建设，很重要的一条经验就是要不断总结我们党长期以来形成的历史经验和成功做法，并结合新的形势任务和实践要求加以创新。"② 大学生是党史、新中国史、改革开放史、社会主义发展史教育的重点群体。深入贯彻落实习近平总书记关于学习党史、新中国史、改革开放史、社会主义发展史的重要论述，就要引导大学生读懂历史这部最好的教科书，从中源源不断汲取思想养分，努力成长为担当民族复兴大任的时代新人。

我们党是有明确的组织原则、严密的组织规则的无产阶级先锋队组织，具有强大的战斗力和凝聚力。民主集中制是我们党的根本组织制度和领导制度。党的建设史是党史的关键核心内容，体现了党的精神和文化，对党的建设成果进行了历史呈现，丰富了党的政治内涵。如列宁所

---

① 上海高等教育研究所编：《上海高等教育年鉴（1949—1983）》，上海：上海外语教育出版社1989年版，第97页。

② 《习近平关于全面从严治党论述摘编》，北京：中央文献出版社2016年版，第15页。

说,马克思主义政党要"以社会民主党的精神去影响无产阶级每一个现实表现"①。值得注意的是,党史、党的建设史属于马克思主义史学范畴,脱离历史唯物论去考察党史,是历史虚无主义的表现,也会导致大学生党员追求历史完美主义的倾向。单纯从中国传统史学角度出发,立足延续千年的敬天尊道的历史观去审视近现代政党运作的规律往往不得其门而入,王朝政治皇权更迭中的历史经验对政党处理现实问题虽有借鉴,但是落实到具体细节的处理上差之毫厘谬以千里,只能构成对党的创立成长成熟的时代背景、历史根脉、文化传承、成员构成的纵向环境考察。因此,我们不仅要有结合史实验证史学思想的传统手艺,更要把学习党史的着眼点放在中国共产党在近现代革命风暴中成长成熟、与时俱进的脉络上。从党史中,我们感受到"百姓无以自瞻,全赖统治阶层恻然愍之"的封建教育传统塑造的忠臣、孝子、慈兄、悌弟的德育目标和统治者"奉遵法度,惠兹元元"的假慈悲,是落后或者反动的。因此,大学生党员要在学习党史中领悟中国共产党"在各个时期对于中国社会经济、政治状况判断中的得与失"②,进而对党的形势应对和政策调整有更全面的了解。回看党的建设的岁月,挫折的内部原因在于党的建设还处于经验积累的阶段,对敌人的阴谋诡计警觉性不足,特别是"党内涌现了很多的活动分子,但是没有来得及造成党的中坚骨干"③。恰如习近平所言,"只有全党思想和意志统一了,才能统一全国各族人民思想和意志,才能形成推进改革的强大合力。"④

---

① 《走上大路》(1909年1月28日),见《列宁全集》(第三十九卷),北京:人民出版社2017年第2版增订版,第339页。

② 赵淑梅:《以真理的名义:中共党内"左"右倾话语分析》,北京:中共党史出版社2014年版,第177页。

③ 陈至立、刘吉:《中国共产党建设史》,北京:人民出版社1991年版,第134页。

④ 《习近平谈治国理政》(第一卷),北京:外文出版社2018年版,第85页。

三、深刻领会党的理论创新成果的思想方法，努力成长为清醒的马克思主义者，提升大学生党员的理论素养

习近平总书记强调，马克思主义就是我们共产党人的"真经"，"真经"没念好，总想着"西天取经"，就要贻误大事！不了解、不熟悉马克思主义基本原理，就不可能真正了解和掌握中国特色社会主义理论体系。① 坚持社会主义办学方向要求广大高校工作者要坚持用马克思主义观察时代、解读时代、引领时代，更好地把科学思想理论转化为认识世界、改造世界的强大物质力量，不断深化对共产党执政规律、社会主义建设规律、人类社会发展规律的认识，推动马克思主义入脑入心、见言见行，让马克思主义伟大旗帜在高校的每一个角落高高飘扬。

坚持社会主义办学方向就要发展社会主义先进文化。以习近平同志为核心的党中央高度重视高校党的建设和思想政治工作，习近平总书记发表一系列重要讲话、提出一系列明确要求，深入回答了事关高校党的建设和思想政治工作的方向性、根本性问题，深化了我们对办好中国特色社会主义大学的规律性认识，是推进高校党的建设和思想政治工作的根本遵循。习近平强调，"要教育引导学生正确认识世界和中国发展大势，从我们党探索中国特色社会主义历史发展和伟大实践中，认识和把握人类社会发展的历史必然性，认识和把握中国特色社会主义的历史必然性，不断树立为共产主义远大理想和中国特色社会主义共同理想而奋斗的信念和信心；正确认识中国特色和国际比较，全面客观认识当代中国、看待外部世界；正确认识时代责任和历史使命，用中国梦激扬青春梦，为学生点亮理想的灯、照亮前行的路，激励学生自觉把个人的理想

---

① 《在全国党校工作会议上的讲话》（2015 年 12 月 11 日），载《求是》，2016 年第 9 期。

追求融入国家和民族的事业中，勇做走在时代前列的奋进者、开拓者；正确认识远大抱负和脚踏实地，珍惜韶华，把远大抱负落实到实际行动中，让勤奋学习成为青春飞扬的动力，让增长本领成为青春搏击的能量。"①

因此，要成长为清醒的马克思主义者，大学生党员必须结合思想政治课程和专业课程来学透党的理论创新成果的精髓实质，必须在党的生活中感受党的理论创新成果的思想伟力。这其中，关键是要有方法论思维，领会其中的思想方法，如陈云同志所说，"学习理论，最要紧的，是把思想方法搞对头"②。与任何进步思想一样，习近平新时代中国特色社会主义思想也是"首先从已有的思想材料出发"，并且其根基在于"深深扎在物质的经济的事实中"③。学习党的理论创新成果，关键是要常学常新，思想认识问题一时解决了，不等于永远解决，更要"不断增强用发展着的马克思主义指导新实践的本领"④。

四、加强党内法规教育，深入学习党的政治纲领，提高大学生党员的制度意识

在党的建设新的伟大工程的实践中，我们党建立起了一整套党内法规制度体系。这个体系，以党章为根本，以民主集中制为核心，以中央法规为主干；由党章、准则、规定、条例、细则、办法等各领域各层级的党内法规制度组成，在党章之下包括党的组织、党的领导、党的自身

---

① 《习近平在全国高校思想政治工作会议上强调 把思想政治工作贯穿教育教学全过程 开创我国高等教育事业发展新局面》，载《人民日报》，2016年12月9日，第1版。

② 《要把思想方法搞对头》（1957年1月9日），见《陈云论党的建设》，北京：中央文献出版社1995年版，第218页。

③ 《社会主义从空想到科学的发展》（1880年3月），见《马克思恩格斯选集》（第三卷），北京：人民出版社2012年版，第775页。

④ 《干在实处 走在前列》，北京：中共中央党校出版社2006年版，第391页。

建设和党的监督保障等方面内容，是具有内在逻辑的有机统一整体。习近平总书记就加强党内法规制度建设作出重要指示，"我们党要履行好执政兴国的重大历史使命，赢得具有许多新的历史特点的伟大斗争胜利，实现党和国家的长治久安，必须坚持依法治国与制度治党、依规治党统筹推进、一体建设。"① 依规治党概念的提出，将加强党内法规制度建设的重要性提到前所未有的战略高度，体现了中国共产党在治党理念、治党思维、治党方式上的完善和深化。②

因此，在党务工作中，我们把党章党规看作是规范各级各类党组织的工作、活动和党员行为的党内规章制度的总和，是全党共同遵守的行为规范和办事规程。系统完备、有效管用的法规制度体系，为党的建设提供了有章可循、有据可依的法宝，明确了工作标准，既提出政治高线，激励党员干部向往践行，又划出了政治底线，防止党员干部逾矩失范，必须进一步加大宣传教育和执行力度，督促广大党员把学习党的法规制度转化为高效的工作表现，以实际行动维护制度权威。

按照《中国共产党党员教育管理工作条例》第三章第十一规定，党员教育要进一步强调党章党规党纪教育，引导党员牢记入党誓词，坚持合格党员标准，自觉遵守党的纪律，带头践行社会主义核心价值观，培养高尚道德情操，培育良好思想作风、学风、工作作风、生活作风和家风。"加强党的制度建设，必须坚持思想引领、教育为先，在全党深化制度教育，引导广大党员、干部牢固树立制度意识和法治思维，养成按制度规定办事的习惯，自觉在制度框架内和法治轨道上加强党的建设。"③ 因此，党内法规教育作为制度治党的重要成果，是思想治党与制

---

① 《坚持依法治国与制度治党、依规治党统筹推进、一体建设》，新华网，http://www.xinhuanet.com/politics/2016-12/25/c_1120183663.htm，2016年12月25日。
② 宋功德、张文显：《党内法规学》，北京：高等教育出版社2020年版，第148页。
③ 全国党的建设研究会：《中国化的马克思主义党建理论体系概论》，北京：党建读物出版社2021年版，第414页。

度治党相统一的具体体现，也是党员增强党性修养和法治意识的学习载体。同时，我们必须清醒地认识到，党和人民面对的斗争日益复杂，必须增强党员群众的政治鉴别力和政治敏锐性，特别要突出新发展党员和青年党员的党性修养。针对大学生党员的特点，高校党组织在组织学习党章党规时还需要深入了解党的制度建设的历史和成效，具体包括：

一是要梳理建党以来基层党组织学习马克思主义政党法规制度的历史经验。中国共产党高度重视从无产阶级政党建设史中汲取政治智慧。马克思、恩格斯为共产主义者同盟制定章程，明确党内组织原则和组织制度、工作制度、民主选举制度，为马克思主义政党创立制度规范。列宁在领导布尔什维克党加强自身建设的历程中，革命时期尤其重视制定严密的党章和建立民主集中制，执政以后强调建立完备有效的党内监督体制。长期以来，基层党组织建设的高质量学术成果偏少的重要原因就在于工作总结提炼较多，从党的建设史中梳理具体历史经验稍显不足。

二是完善整体的党内法规教育方案。突出以下方面：找准大学生党员党章意识的薄弱环节，强化党的知识教育；与高校基层党组织工作直接相关的党内法规制度建设的历史经验；创新党员教育形式，比如结合疫情防控工作期间党员教育的线上形式的创新经验提出规范化的线上党章党规教育形式，明确线上讨论的注意事项和线上线下互动的教育方式。

三是党内法规学习与依法治校学习结合起来。党的教育方针是写入宪法和其他法律用于指导教育事业发展的纲领性教育基本政策。《中华人民共和国教育法》第五条为"教育必须为社会主义现代化建设服务、为人民服务，必须与生产劳动和社会实践相结合，培养德智体美劳全面发展的社会主义建设者和接班人"①，将党的教育方针落实为国家法律规

---

① 《中华人民共和国教育法》，北京：中国民主法治出版社2021年版，第3页。

范。全面推进依法治教是长期以来教育事业改革发展的经验总结。"中华人民共和国成立以来，教育工作在相当长历史时期内基本上是靠文件推动的，教育和国民经济各部门之间的关系，教育内部各个方面的关系，各个学段之间的纵向联系，教育内部人与人之间的关系，责权利之间的关系，都是靠政策文件调节的。这是与当时我们管理经济和社会事物的宏观体制相适应的。"① 建党以来特别是新中国成立以来党的教育方针的传承创新过程体现了党在不同历史时期的政治需要和人才需求特点，贯彻始终的是为谁培养人、怎样培养人、培养什么人这条逻辑主线，回答了办什么样的大学、怎样办大学这个根本问题。

四是要把握正确政治方向，深入理解党的意志主张、党章的具体要求，以党的旗帜为旗帜，以党的意志为意志，将党章的内容作为学习教育的基本框架与根本遵循，除此之外，需要特别注意坚持唯物辩证法，防止从制度观念到规定条文的文字灌输。具体包括：

第一，党性与人民性相统一。中国共产党坚守的人民至上的政治情怀体现为密切联系群众的政治优势，激发群众的首创精神和工作活力，相信人民群众的力量，并不断将人民群众的实践经验转化为党的建设的宝贵财富并体现在党内法规制度中。因此，党章党规教育的实际调查和应然研究都要立足党员群众的期待，坚持党员主体地位，绝不等同于传统文化中"民富则安乡重家，安乡重家则敬上畏罪"的严格管控，也迥异于"以法御下"的统辖。

第二，历史与现实相统一。党员的党章党规意识不是短时间内形成的，在党员成长的不同时期和党组织建设的不同阶段表现为不同的特点。要从党的建设的实践出发阐述党的制度建设的历史经验在实际工作中的应用，并根据不同类型、不同层次的基层党员的党章党规教育提出

---

① 陈宝生：《全面推进依法治教 为加快教育现代化、建设教育强国提供坚实保障——在全国教育法治工作会议上的讲话》，载《中国教育报》，2018年12月25日，第3版。

差异化的政策建议。

　　第三,内容与形式相统一。工作中,从多维度、多角度、多层次展现党章党规教育的形式比较充分,比如视频教程"在线学"、阅读提升"交流学"、党的知识推送"引导学"、学习强国知识"竞赛学"、志愿服务"实践学"等方式;而从党章党规教育的内容层面,从"两个维护"的政治高度的历史内涵和时代价值到"个别吸收"的入党原则,现有成果偏少,亟待发现和梳理。

第五章　新时代高校党建的价值意蕴之四：营造风清气正、心齐气顺政治生态，维护和塑造高校政治安全

在建设社会主义国家的征程上，以习近平同志为核心的党中央高度重视各类风险隐患全周期特点，高度警惕倾圮之灾，"**要密切关注那些可能迟滞甚至中断中华民族伟大复兴进程的重大风险**，综合研判、统筹谋划、有力应对，尽最大努力避免其发生"，"同向社会主义现代化强国进军的伟大社会革命相比，党的自身建设上还存在一些不匹配、不适应的地方，一些弱化党的先进性、损害党的纯洁性的问题具有很大的危险性和破坏性"。①

中国特色社会主义进入新时代以来，习近平总书记明确提出了"防范政治风险"的重大命题和重大任务。当前，最重要的政治风险还是来自内部的精神懈怠、能力不足、脱离群众、消极腐败四大风险，以及具有新的历史特点的复杂政治斗争形势，"政治问题有的是灵魂深处的东西"②。高校政治稳定和校园安定的局面是坚持党和人民事业长远发展和后继有人

---

① 《新发展阶段贯彻新发展理念必然要求构建新发展格局》，见《十九大以来重要文献选编》（中册），北京：中央文献出版社2021年版，第832页。
② 《在全国组织工作会议上的讲话》，见《十九大以来重要文献选编》（上册），北京：中央文献出版社2019年版，第560页。

的政治基础：随着改革的不断深化，发展和稳定面临着许多深层问题，国际形势也出现种种新变动。因此，巩固和发展高校政治稳定和校园安定的局面十分重要。中国社会主义大学的发展既展现了高等教育的中国速度，同时也有很多风险点亟须在发展中解决。直面政治风险，提升党组织的政治水平，才能彰显中国特色社会主义大学的政治属性和政治优势，政治斗争必须打明白仗。

第一节 规范党内政治生活，瞄准政治问题，以政治文化涵养政治意识

马克思主义政党高度重视党内政治生活的规范性，列宁强调，"全部政治生活就是由一串无穷无尽的环节组成的一条无穷无尽的链条。政治家的全部艺术就在于找到并且牢牢抓住那个最不容易从手中被打掉的环节，那个当前最重要而且最能保障掌握它的人去掌握整个链条的环节。"① 这其中，党组织的政治生活既是**最"艺术"的政治环节**，也是党组织管理监督党员的重要关卡。

按照政治学的解释，"政治生活从最狭窄的意义上说，就是冲突的生活，它以一些能使自己与所处环境之间发生积极关系的人作为先决条件。"② 政治生活是广泛存在的，比如"中国人民的政治生活"③，但是党内的政治生活有相对特殊的含义。按照《关于新形势下党内政治生活的

---

① 《怎么办？》（1901年秋—1902年2月），见《列宁专题文集（论无产阶级政党）》，北京：人民出版社2009年版，第156页。

② [美] 哈罗德·D.拉斯韦尔：《政治学》，杨昌裕译，北京：商务印书馆1992年版，第119页。

③ 《关于若干历史问题的决议》，见《两个历史问题的决议及十一届三中全会以来党对历史的回顾》，北京：中共党史出版社2013年版，第15页。

若干准则》①的要求,党内政治生活的基本规范包括:实事求是、理论联系实际、密切联系群众、批评与自我批评、民主集中制、严明党的纪律等。党内政治生活是各级党组织、党员按照党章、准则及党的各项规章制度进行的政治活动的总和。党内政治生活需要应对与解决民主与集中、自由与纪律、统一性与自主性的关系,这也为规范政治生活提供了方法指引。

新时代以来,党内生活有了新的伟大进步,所有的党员都必须参与党的生活,规范的党的生活是教育管理党员的主要依托。习近平总书记指出,"严肃党内政治生活是每个党员、干部的事,大家要增强角色意识和政治担当,在党言党、在党忧党、在党为党,把爱党、忧党、兴党、护党落实到工作生活各个环节,敢于同形形色色违反党内政治生活原则和制度的现象作斗争。"②当下,"党内状况也在不断发生变化,党员队伍的来源构成、思想观念、价值取向、利益诉求等日益多样化,给严肃党内政治生活提出了许多新课题。"③在全党党情发生重大变化的背景下,高校党组织面临的党情问题更加复杂,纪法规矩在高校党组织政治生活中发挥作用的途径方式有特殊性。

高校党组织应对政治风险、保持政治定力,解决政治分歧,需要更好借助党内政治生活的平台。因此,高校党组织要应对政治风险的考验,建设具有强大凝聚力和引领力的社会主义意识形态,提高教育治理的预见性和敏捷度,全体师生在理想信念、价值理念、道德观念上紧紧团结在一起,关键时要依靠组织自身的力量,对标党的组织路线,强化政治风险研判防控,及时掌握风险隐患重点,提高发现力、研判力、处置力,找准工作切入点和着力点,打好战略主动仗,因此严肃规范的党

---

① 《最新常用党内法规》,北京:法律出版社2017年版,第45页。
② 《习近平关于严明党的纪律和规矩论述摘编》,北京:中央文献出版社2016年版,第83页。
③ 《在十八届中央政治局第三十三次集体学习时的讲话》,见《习近平关于全面从严治党论述摘编》,北京:中央文献出版社2016年版,第40页。

内政治生活和以政治纪律政治规矩来约束党内政治行为就成了关键举措。具体说来，包括以下几方面：

一是在组织生活中查摆政治问题。党的组织生活是党的生活的一部分，是党员党性修养和锻炼的平台，是党内政治生活的重要依托。"党的组织生活通常指党员教育和管理方面的活动。包括党员参加所在支部的党员大会和党小组会，党员领导干部单独召开的党内民主生活会，上党课，学习党内文件，汇报思想工作，开展批评与自我批评，反映群众要求等。"① 2017 年 12 月 5 日，教育部党组印发《高校思想政治工作质量提升工程实施纲要》，其中强调"把组织建设与教育引领结合起来，强化高校各类组织的育人职责，增强工作活力、促进工作创新、扩大工作覆盖、提高辐射能力，发挥高校党委领导核心作用、院系党组织政治核心作用和基层党支部战斗堡垒作用"②。高校基层党组织是各类组织的政治核心，党的组织生活是党内政治生活的重要内容和载体，有助于提升大学生的组织感、集体感、归属感。党章规定党员有参加党的组织生活和接受党内外群众监督的义务。党的组织生活开展的过程就是对党员实施管理的过程，所有的党员都要参加党的组织生活，预备党员、入党积极分子必须了解和参与党的组织生活才有可能完成党员发展的全过程。党组织也是通过党的组织生活来具体了解教育对象的思想动态、政治品质和行为特点。

二是培育奋发有为、积极向上、凝心聚力的高校党内政治文化，这也是高校党的政治建设的基本目标和重要支撑。党内政治文化作为党的建设和发展的精神根基，不仅维系和传承着党的精神，而且表征和凸显

---

① 叶笃初、卢先福：《党的建设词典》，北京：人民出版社1989年版，第259页。
② 《中共教育部党组关于印发〈思想政治工作质量提升工程实施纲要〉的通知》，教育部，http://www.moe.gov.cn/srcsite/A12/moe_1416/moe_1417/201703/t20170310_298978.html，2017年12月6日。

着党的精神品格；不仅为增强党的政治体系的合法性与政治秩序的合理性提供内生性的支撑，而且为党的政治文明的提升和政治价值的实现提供导向性的支撑，更为党的政治地位的巩固和政治使命的履行提供内向性的支撑。"一个政党的涣散或腐朽、失败或垮台，都是始于党内政治文化混乱、腐朽、没落；相反，一个政党充满活力、保持先进，赢得民众、取得成就，都是源于党内政治文化的洁净、先进、充满正能量"①。党内政治文化是政党的精神标识，是各级党组织和全体党员共同创造和维护的文化体系，为党的文化生活提供了主题来源，反映了党的价值理念和政治追求，深刻地影响党员的思想行为，对先进分子有强大的政治感召。新的历史方位下，党员的发展更加离不开党内文化的浸润和滋养。党员群众对了解党的政治文化有了更高的期待和更强的参与热情，"我们正在进行具有许多新的历史特点的伟大斗争，面临的挑战和困难前所未有，必须坚持巩固壮大主流思想舆论，弘扬主旋律，传播正能量，激发全社会团结奋进的强大力量。关键是要提高质量和水平，把握好时、度、效，增强吸引力和感染力，让群众爱听爱看、产生共鸣，充分发挥正面宣传鼓舞人、激励人的作用。在事关大是大非和政治原则问题上，必须增强主动性、掌握主动权、打好主动仗，帮助干部群众划清是非界限、澄清模糊认识。"②正所谓"雅声浸微，溺音沸腾"，党的主流声音传不出来教不下去，历史虚无主义就打开了市场。高校党组织需要适应新形势新任务要求，创新活动内容方式，充分认识到"高等学校校园文化是社会主义先进文化的重要组成部分"③，找准开展活动、发挥作用的着力点，根据知识结构和学习基础设置师生政治生活主题，在扩

---

① 《加强党内政治文化建设》，北京：中共中央党校出版社2017年版，第18页。
② 《习近平谈治国理政》（第三卷），北京：外文出版社2020年版，第150页。
③ 《教育部、共青团中央关于加强和改进高等学校校园文化建设的意见》（2004年12月20日），见《加强和改进大学生思想政治教育重要文献选编（1978—2014）》，北京：知识产权出版社2015年版，第275页。

大党员参与面、提高实效性上下功夫，增强创造力、凝聚力、战斗力。

第二节 以政治纪律政治规矩来规范党内政治行为

习近平总书记强调，"党的纪律规定要根据形势和党的建设需要不断完善，确保系统配套、务实管用，防止脱离实际、内容模糊不清、滞后于实践。"① 考察党的政治纪律应用于高校党的建设实践史，需要进一步考察高校政治环境的特殊性。同时，需要考量各个模块的政治规矩的差异化与统一性，"法规范并非彼此无关地平行并存，其间有各种脉络关联。发现个别法规范、规则之间，及其与法秩序主导原则间的意义脉络，并以概观的方式，质言之，以体系的形式将之表现出来，乃是法学最重要的任务之一。"② 因为"法律规范并不服务于对世界的认识，而是服务于对行为的调整。也就是说，法的最终目标是提供实践性的准则，即行为规范"③。

中国共产党"不是少数人空想的革命团体，我们的组织与训练必须是很严密的集权的有纪律的"④。新时代以来，我们党对过去一段时期内存在的政治纪律弱化的情况、严肃政治纪律的意义和强化路径等作出了详细分析，形成了很多成果，并且把政治纪律提升到了前所未有的高

---

① 《习近平关于严明党的纪律和规矩论述摘编》，北京：中央文献出版社2016年版，第24页。
② [德]卡尔拉伦茨：《法学方法论》，陈爱娥译，北京：商务印书馆2003年版，第316页。
③ [德]齐佩利乌斯：《法学方法论》，金振豹译，北京：法律出版社2009年版，第1页。
④ 《关于共产党的组织章程决议案》，见《建党以来重要文献选编》（第一册），北京：中央文献出版社2011年版，第163页。

度，强调"政治纪律是各级党组织和全体党员在政治方向、政治立场、政治言论、政治行为方面必须遵守的规矩"，是"最重要、最根本、最关键"的纪律，遵守政治纪律是遵守全部纪律的"重要基础"。"共产党的政治纪律，是建筑在自觉的基础上的，不可以把党的纪律变成机械的纪律，变成限制党员自动性与创造精神的所谓'纪律'，应该使党员的纪律性与创造精神结合起来。"① 因此，高校作为育人场域，以政治纪律政治规矩来规范党内政治行为需要强化常态化经常性学习，建立以政治纪律政治规矩为重要内容的政治学习体系。

一是强化政治忠诚需要政治纪律来保障。党的集中要求有统一的纪律，即始终不渝地执行党纲和党章，遵守党的生活准则，服从党的决议。要严格遵守政治纪律和政治规矩，全面执行党内政治生活准则，确保党中央政令畅通，确保局部服从全局，确保各项工作坚持正确政治方向。② 遵守党的政治纪律，最核心的，就是坚持党的领导，坚持党的基本理论、基本路线、基本纲领、基本经验、基本要求，同党中央保持高度一致，自觉维护中央权威。同党中央保持一致不是一个空洞口号，而是一个重大政治原则。③ 比如，新修订的《中国共产党纪律处分条例》具体增设了"妄议中央大政方针，破坏党的集中统一""擅自对应当由中央决定的重大政策问题作出决定和对外发表主张"等条款，进一步明晰了政治行为标尺，破除了事实上的"政治网络"，凸显了政治纪律的"行为规范"性质。

二是高校党组织维护和坚持党的教育方针需要政治纪律和政治规矩提供明晰的法理依据。革命战争年代，中国共产党在建设全国性大党的

---

① 《论党》（1945年5月14日），见《刘少奇选集》（上卷），北京：人民出版社2004年版，第368页。
② 《习近平谈治国理政》（第三卷），北京：外文出版社2020年版，第84页。
③ 《习近平关于严明党的纪律和规矩论述摘编》，北京：中央文献出版社2016年版，第8页。

过程中就高度重视党的方针政策的号召力和实效性。"政策是革命政党一切实际行动的出发点,并且表现于行动的过程和归宿。一个革命政党的任何行动都是执行政策。不是实行正确的政策,就是实行错误的政策。所谓经验,就是实行政策的过程和归宿。政策必须在人民实践中,也就是经验中,才能证明其正确与否,才能确定其正确和错误的程度。"① 新中国成立后,党中央明确提出,"政治是统帅,是灵魂。政治挂帅,就是党的路线挂帅,党的政策挂帅。我们必须认真地学习党的总路线和各项政策,在正确的政治方向的指导下,熟悉经济情况,努力认识和掌握经济工作的客观规律,钻研业务,学会精打细算,并且细致地安排具体工作,反对'政治空谈'"②

第三节 强化高校巡视巡察

全面从严治党首先要从政治上看,新修订的《中国共产党普通高等学校基层组织工作条例》新增第三十六条,直面相对复杂、多样交错的高校党内关系,强调"高校党的建设和思想政治工作情况应当纳入巡视巡察,作为学校领导班子综合评价和领导人员选拔任用的重要依据,作为'双一流'建设等工作成效评估的重要内容。开展党组织书记抓基层党建述职评议考核工作,强化考核结果运用。对党的建设和思想政治工作重视不够、落实不力的,应当及时提醒、约谈;对出现严重问题的,按照有关规定严肃追责问责,督促抓好问题的整改落实"。

---

① 《关于工商业政策》(1948年2月27日),见《毛泽东选集》(第四卷),北京:人民出版社1991年版,第1286页。

② 《在扩大的中央工作会议上的报告》(1962年1月27日),见《刘少奇选集》(下册),北京:人民出版社1985年版,第367页。

党组织强化政治监督和政治巡视就是确保《条例》执行实施的政治保障，同时也是检验《条例》适用性和实效性的重要途径。"党内监督是党的各级组织、专门机关和全体党员，依据党章和党规，以及宪法和法律的要求，对党的组织、党内成员，尤其是党员领导干部的监察、督促的活动。"①

习近平总书记郑重宣告，"我们将清除一切侵蚀党的健康肌体的病毒，大力营造风清气正的政治生态，以全党的强大正能量在全社会凝聚起推动中国发展进步的磅礴力量。"② 新时代以来，党中央高度重视对高校的政治巡视，不断提升政治监督效能。2018 年 9 月 10 日，习近平总书记在全国教育大会上强调：

> 从巡视看，教育系统党建工作力度和党组织功能发挥层层递减、越往下声音越小工作越薄弱的现象比较突出，导致党的教育政策和党中央关于教育工作的重大决策部署在相关地方、部门和领域得不到及时有效贯彻。地方各级党委和教育部门各党组织要切实履行好管党治党的主体责任，加强各级各类学校党的领导和党的建设工作。③

可见，高校党的建设质量是高校党委管党治党效能的核心评价指标。在考虑到高校党员刚直急切、峭直率真的特点外，具体要考察高校教师党支部书记选优配强作用是否充分发挥，党支部组织生活是否经常规范，是否以业务研讨替代政治学习，党支部是否在开展教师思想政治

---

① 杨德山：《新时期以来党内民主建设的理论与实践研究》，福州：福建人民出版社2016年版，第226页。

② 《新时代要有新气象，更要有新作为》，见《十九大以来重要文献选编》（上册），北京：中央文献出版社2019年版，第87页。

③ 《论坚持党对一切工作的领导》，北京：中央文献出版社2019年版，第278页。

工作中发挥作用，是否注重在优秀青年教师中发展党员，是否成为团结凝聚教师的战斗堡垒，学生党支部党员发展流程是否合规，问题党员有无及时处理等问题。

第六章　新时代高校党建的价值意蕴之五：建设高素质的党务工作和思想政治工作队伍

《条例》第三十五条删掉了"建立一支以专职人员为骨干、专兼职干部结合的党务工作和思想政治工作队伍"的表述，同时增加了"每个院（系）至少配备1至2名专职组织员。专职辅导员岗位按照师生比不低于1∶200的比例设置，专职思想政治理论课教师岗位按照师生比不低于1∶350的比例核定"的详细要求；保留"将**党务工作和思想政治工作队伍**建设纳入学校人才队伍建设总体规划，完善选拔、培养、激励机制"之外，加入了"按照专职为主、专兼结合、数量充足、素质优良的要求"，同时删掉了原来单列的"辅导员队伍"，这是因为辅导员作为思想政治工作队伍的重要构成，党务工作已经是其主要职责，"以班级为基础，以学生为主体，发挥学生班集体在大学生思想政治教育中的组织力量"，"指导学生党支部和班委会建设，做好学生骨干培养工作，激发学生的积极性、主动性"①。由此可见，高校党务工作和思想政治工作队伍的政治定位非常清楚，是健全高校党的工作机制的重要组织力量。

---

① 《普通高等学校辅导员队伍建设规定》（2006年7月23日），见《加强和改进大学生思想政治教育重要文献选编（1978—2014）》，北京：知识产权出版社2015年版，第345页。

列宁在《从何着手》中强调要培养和造就三类紧缺的党的人才：最能干的宣传员，最有才干的组织者，最有才能的政治领袖。① 这其中，宣传员和组织者就是事实上的党务工作者，"党务"重心在党的工作，即党的各项工作尤其是组织工作活动和党员政治行为、党性锻炼所涉及的具体事务，"务"服务于党，不同于经纶世务。高校党的建设作为一项实际工作，要抓实抓牢，必须依靠强有力的组织力量，特别是高素质的政工干部队伍。某种程度上讲，政治工作队伍是社会主义教育制度体制优势的重要体现。"一切工作，一切转变，都依靠我们的干部，因此干部问题是党内的中心问题。训练出大批的干部分配到各条战线上去，是党的中心工作。"② 高校党务工作和思想政治工作队伍是党在高校开展思想政治工作的支撑力量，新中国成立以来召开的第一次全国高校辅导员队伍建设工作会议指出：

在高校辅导员这个岗位上，走出了一大批勇攀科学高峰的学术大师及在共和国建设事业中发挥骨干作用的兴业之将、治国之才。实践证明，辅导员制度是中国特色社会主义教育制度的成功实践。③

2017年1月，《高等学校领导人员管理暂行办法》强调"加强领导人员后备人才队伍建设，按照拓宽来源、优化结构、改进方式、提高质量的要求，积极发现和着力培养政治素质过硬、熟悉教学科研和学科建设、有院（系）工作经历、良好的专业背景和管理能力的优秀

---

① 《从何着手?》（1901年5月），见《列宁全集》（第五卷），北京：人民出版社2013年第2版增订版，第7页。

② 《关于白区的党和群众工作》（1937年5月），见《刘少奇选集》（上册），北京：人民出版社1981年版，第69页。

③ 《建设一支高水平的高校辅导员队伍》，见《陈至立教育文集》（下册），北京：高等教育出版社、人民教育出版社2016年版，第242页。

年轻人才"①。

因此,围绕高校党务和思想政治工作队伍建设,本书从长期以来形成的政治形象、主要的工作形象和生动的政治工作三方面进行分析。

第一节 忠挚刚健的政治形象

中国共产党高度重视干部的作用,在革命战争年代就提出"我们党的组织要向全国发展,要自觉地造就成万数的干部,要有几百个最好的群众领袖"②,这是党的干部的作风要求。从高校政工干部到思想政治工作队伍,我们党高度重视履职之重的高校党务和思想政治工作者的"政治名分"和政治气节。队伍忠挚刚健的政治形象已深入人心。

20世纪60年代初,高校普遍设立政治部。一般政治部下设党委办公室、宣传部、组织部。这是因为全国学习解放军,政治部原是军队的建制。军队继承战争年代的传统,十分重视政治思想工作。1964年6月10日,中共中央批转高等教育部党组《关于加强高等学校政治工作和建立政治工作机构视点问题的报告》,《报告》指出:"中共高等教育部党组改为党委制,直接领导直属高等学校的党委,并在高等教育部和直属高等学校设立政治部。高等学校政治部是校党委的工作机构。"查看中央财经大学校史,

一份档案资料显示:1965年7月23日,中央财政金融学院在

---

① 中共中央办公厅法规局:《中国共产党党内法规汇编》,北京:法律出版社2021年版,第428页。

② 《中国共产党在抗日时期的任务》(1937年5月3日),见《毛泽东选集》(第一卷),北京:人民出版社1991年版,第263页。

对北京外贸学院、经济学院、铁道学院、商业学院、航空学院和石油学院调查的基础上,写了《关于组织机构设置调查情况的报告》,认为设立政治部,加强政治思想工作,是大势所趋。是什么"大势"所趋呢?这须看当时国家的大背景。早在1960年9月的中共中央军委扩大会上,就通过了《关于加强军队政治思想工作的决议》,1964年,在全国范围里掀起学习解放军的高潮。高教系统学习解放军,主要表现在加强政治思想工作,这一年的3月8日至4月11日,高教部在北京召开直属高等学校领导干部(扩大)会,讨论了进一步加强学校思想政治工作,建立政治工作机构等问题,并一致同意在高等学校建立政治部。1965年3月1日,高等教育部政治部通知各直属高等学校,迅速建立政治部,并大力充实政治工作干部队伍。当时高校是照着100个学生配备1个政工干部的比例来充实政治工作干部队伍的。中财院在这种背景下也在着手成立政治部,并事前做了大量的调查工作,调查的结果显示成立政治部好处很多,如北航,成立政治部后,大力学习解放军,在职工中开展了"四好"运动,在学生中开展了"三好"运动,政治工作搞得很活跃,对师生中的政治思想工作,可以一竿子抓到底,抓得准、抓得及时,有利于推动各项工作。同时大大减少了事务性工作,过去许多事情都提交党委会解决,现在政治部部务会议就可以解决了,这样党委可以集中精力考虑一些重大问题,而且解决问题也比过去及时。8月9日,学院又提出《关于组织机构讨论情况的综合报告》,报告认为:(1)我院政治干部配备不健全,思想政治工作薄弱,没有一个机构统一抓,各搞一摊,谁都可以管,谁都可以不管,因此,绝大多数同志认为,建立政治部,配备政工人员,加强思想政治工作,是势在必行,是突出政治、落实四个第一、学习解放军的一项重要措施。(2)关于政治机构如何设置,党委办公室提出,在党委办公室和人事、保卫部门的基础上建立政治部,由组织、宣传、武装、保卫等部门共同组成,工会、共青团由党委委托政治部领导,各系设立政治处或政治办公室,配备一定数量的专职政工人员。(3)关于学生政治思想工作问题,各单位普遍认为学生思想政治工作存在问题比较多,主要是政治干部力量薄弱,1个级主任管理几百名不同专业的学生,要把工作做细致有困难,级主任职责不明确,什么都管,既像政治干部,又像行政干部,整天忙于事务,班主任没有从头到尾管起来,一人一段,对学生思想很难系统了解。因此,大家的意见是,按每个系100名学生配备一名政治辅导员,专职负责学生的思想政治工作,日常事务可以由系办公室或用其他办法解决,政治辅导员要相对固定,不要轻易调动,最好是从学生入学到毕业,一竿子到底,政治辅导员要注意政治质量。报告还提出政治部建立后,其他机构的组合问题。这样,政治部成立了,政治思想工作有了专门机构,学生处这个主管学生思想政治工作的部门也就没有必要了,统归政治部一体管理。①

中国人民大学党委于1964年暑期前后对校部工作机制进行了调整,建立了政治部、校务部和教务部。"1965年3月,经高教部批准,政治部既是学校主管政治思想工作的行政工作机构,也是党委的工作机构,它还受党委委托指导校工会和共青团的工作,并且政治部正副主任均由中央批准任命,下设办公室、组织部、宣传部、干部部、统战部、保卫部,人民武装部和共同政治理论课教研室归政治部领导。"② 1966年4

---

① 中央财经大学校史编写组:《中央财经大学六十年史》(上编),北京:中国财政经济出版社2009年版,第162页。

② 《中国共产党中国人民大学组织史资料(1937年7月—1991年12月)》,北京:中国人民大学出版社1992年版,第267页。

月 23 日，清华大学政治部成立，作为"党在学校设立的领导思想政治工作的机构，它做出的一切决定，学校各单位要贯彻执行"①。

改革开放之初，高校在复校复学的过程中就开始推行政治辅导员制度。

> 在一二年级设政治辅导员或者班主任，从专职的党政干部、政治理论课教师和其他青年教师中挑选有一定政治工作经验的人担任。政治辅导员都要既做学生思想政治工作，又要坚持业务学习，有条件的要坚持半脱产，担任一部分教学任务。政治辅导员可以适当轮换。②

1980 年，教育部、共青团中央印发《关于加强高等学校学生思想政治工作的意见》，其中提出：

> 加强学生的思想政治工作，必须建立一支坚强的、有战斗力的政治工作队伍。不仅专职、兼职的政工干部要做思想政治工作，业务课教师也要做思想政治工作，特别要注意发挥马列主义理论课教师和各科骨干教师的作用。③

这里，坚强的、有战斗力的政治工作队伍包括了党务和思想政治工

---

① 清华大学校史研究室：《清华大学九十年》，北京：清华大学出版社 2001 年版，第 267 页。
② 《教育部关于讨论和试行全国重点高等学校暂行工作条例（试行草案）的通知》（1978 年 10 月 4 日），见《加强和改进大学生思想政治教育重要文献选编（1978—2014）》，北京：知识产权出版社 2015 年版，第 3 页。
③ 《教育部、共青团中央印发〈关于加强高等学校学生思想政治工作的意见〉的联合通知》（1980 年 4 月 29 日），见《加强和改进大学生思想政治教育重要文献选编（1978—2014）》，北京：知识产权出版社 2015 年版，第 6 页。

作队伍，更符合高校党务和思想政治工作者在全国一盘棋的政治形势下的政治定位。

中宣部和教育部对专职思想政治工作人员政治素质和知识水平提出了明确要求："有一定的马列主义、毛泽东思想的理论修养和党的政策水平，对错误思潮有一定的识别能力。"① 1990年，第一次全国高校党的建设工作会议对加强高校党的建设提出了明确要求，特别强调要建设一支素质较高、以精干的专职人员为骨干、专兼职结合的党务工作队伍，提高党员的政治素质，加强对入党积极分子的培养教育。② 十四大后，党中央更加深刻认识到建立一支精干高效的高校政工队伍的重要性，

> 高等学校党务和政工干部是办好学校不可缺少的重要力量，都是教育工作者。其中从事学生思想政治教育的专职人员和兼任教学、科研工作的党务、政工干部是教师队伍的一部分。要继续贯彻中央有关文件精神，努力建立一支以精干的专职人员为骨干、专兼职相结合的政工队伍。③

1993年，时任中共北京市委副书记、北京市教育工作党委书记王家镠提出，"两支队伍（教师、党政干部）的建设是学校的基本建设，是

---

① 《中共中央宣传部、教育部关于加强高等学校思想政治工作队伍建设的意见》（1984年11月13日），见《加强和改进大学生思想政治教育重要文献选编（1978—2014）》，北京：知识产权出版社2015年版，第36页。

② 《第一次全国高校党的建设工作会议情况概述》，教育部，http://www.moe.gov.cn/s78/A12/s8352/moe_1445/201001/t20100117_16404.html，2012年7月11日。

③ 《中共中央组织部、中共中央宣传部、国家教育委员会关于印发〈关于新形势下加强和改进高等学校党的建设和思想政治工作的若干意见〉的通知》（1993年8月13日），见《加强和改进大学生思想政治教育重要文献选编（1978—2014）》，北京：知识产权出版社2015年版，第132页。

具有战略意义的基础性工作","党的方针政策的贯彻、落实,学校的决策水平、管理水平取决于这支队伍的素质,特别是校、系、部、处各级领导班子。现在党政管理干部接班人的培养、配备尤其迫切。"① 2000年,教育部党组在《关于进一步加强高等学校学生思想政治工作队伍建设的若干意见》中进一步强调:"高等学校学生思想政治工作人员必须具有坚定正确的政治方向,坚持党在社会主义初级阶段的基本路线,具有一定的马克思主义理论基础和政策水平,有较强的政治分辨能力"。②

2017年,教育部发布《普通高等学校学生党建工作标准》,强调要推动学生党建工作队伍专业化、职业化建设;按照守信念、重品行、有本领、敢担当、讲奉献的要求,选优配强学生党支部书记和支部委员、专兼职组织员。注重从优秀辅导员、骨干教师、优秀大学生党员中选拔学生党支部书记。学生党建工作队伍教育培训纳入学校人才队伍建设总体规划,定期开展专题培训,特别是根据支部换届情况加强党支部书记、支委的党务知识培训。推动学生党建工作队伍专业化、职业化建设,落实职务职级"双线"晋升办法和保障激励机制,实行职务(职称)评审单列计划、单设标准、单独评审。落实专职思想政治工作人员和党务工作人员不低于全校师生人数的1%的要求,确保学生党建工作力量配置,每个院(系)至少配备1—2名专职组织员,按师生比不低于1∶200的比例设置专职辅导员岗位。③

习近平总书记在全国组织工作会议上强调指出:"贯彻新时代党的

---

① 王家镠:《当前高校工作中的几个问题》(1993年7月26日),见《北京高等教育文献资料选编(1993—1999)》,北京:首都师范大学出版社2008年版,第92页。

② 《中共教育部党组关于进一步加强高等学校学生思想政治工作队伍建设的若干意见》(2000年7月3日),见《加强和改进大学生思想政治教育重要文献选编(1978—2014)》,北京:知识产权出版社2015年版,第211页。

③ 《中共教育部党组关于印发〈普通高等学校学生党建工作标准〉的通知》,教育部,http://www.moe.gov.cn/srcsite/A12/moe_1416/moe_1417/201703/t20170310_298978.html,2017年3月10日。

组织路线,建设忠诚干净担当的高素质干部队伍是关键。"① 高校党务和思想政治工作队伍作为意识形态最前沿的哨兵,既要疏导学生的情感,指导帮助大学生妥善处理情感脆弱和情感丰富并存的特殊时期的各类问题;更要做党的理论创新成果的学习者、传播者、阐释者,完成"话语深化"②的任务。新时代以来,高校党务和思想政治工作队伍的政治品质和斗争、精神斗争本领得到了充分锤炼,精神面貌昂扬向上,但是面临诸多现实问题亟须解决。

第二节 馨竭心力的事务工作者

四海九州之大,非空言所能维持。就党务工作的具体内涵看,毛泽东同志曾指出:"一定要批判不问政治的倾向。一方面要反对空头政治家,另一方面要反对迷失方向的实际家。"③ 两个"反对"指明了思想政治工作者的工作方向,政治工作要有实际工作内容。邓小平同志形象地说:"政治干部更要强调以身作则,我们过去在战争年代就是这样。那时,你打仗不勇敢,怕死,你不同战士心连心,不联系实际,不联系群众,做政治工作就没有人听。政治干部不能说的是一套,做的又是另一套。"④ 这充分说明,"与人不求备,检身若不及"是高校党务和思想政治工作队伍的自身修为,更需要通过扎实的常规工作体现责任和担

---

① 《习近平在全国组织工作会议上强调 切实贯彻落实新时代党的组织路线 全党努力把党建设得更加坚强有力》,光明网,https://politics.gmw.cn/2018-07/04/content_29671901.htm,2018年7月4日。

② 赵淑梅:《以真理的名义:中共党内"左"右倾话语分析》,北京:中共党史出版社2014年版,第172页。

③ 人民教育出版社教育室:《毛泽东 周恩来 刘少奇 邓小平论教育》,北京:人民教育出版社1994年版,第103页。

④ 《邓小平论党的建设》,北京:人民出版社1990年版,第24页。

当，在平凡、普通、细微的工作中担苦、担难、担重。

改革开放之初，在全民团结振兴中华的浪潮中，党中央充分认识到，"我们有经过千锤百炼的干部队伍，我们已经建立起相当可观的物质基础，我们的党心、军心、民心都强烈要求祖国兴盛起来，我们有社会主义制度的优越性，加上我们已经有了正确的思想路线、政治路线和组织路线，这些都是长期起决定作用的决定因素。"① 其中高校党务和思想政治工作队伍就是"千锤百炼的干部队伍"的重要构成。

十三届四中全会后，党中央高度重视解决这支队伍的现实困难。"从事党务工作和思想政治工作的基层干部处在第一线，条件艰苦，任务繁重。要在他们中提倡任劳任怨、为党为人民作奉献的精神，又要支持他们的工作，关心他们的思想和生活，帮助他们解决实际困难。"②

中国特色社会主义进入新时代，习近平总书记从丰富干部基层工作经历的角度强调，"干部有丰富的基层经历，就能更好树立群众观点，知道国情，知道人民需要什么，在实践中不断积累各方面经验和专业知识，增强工作能力和才干。"③ 同时，习近平总书记也对基层干部提出了殷殷期待，

> 基层干部要面对现实，不能滋长"骄""娇"两气。要承受得住压力，看到压力可以转化为动力，如果在压力面前怨天尤人，自暴自弃，最终将一事无成；如果在压力之下奋发有为，做出成绩，那就能得到组织的认可、群众的拥护。④

---

① 胡耀邦：《在庆祝中国共产党成立六十周年大会上的讲话》，见李振霞主编：《中国当代哲学40年》，北京：华夏出版社1997年版，第287页。
② 《中共中央关于加强党的建设几个重大问题的决定》（1994年9月28日），见《中央党内法规和规范性文件汇编》（下册），北京：法律出版社2017年版，第641页。
③ 《习近平谈治国理政》，北京：外文出版社2014年版，第409页。
④ 《之江新语》，杭州：浙江人民出版社2007年版，第112页。

第六章 新时代高校党建的价值意蕴之五：建设高素质的党务工作和思想政治工作队伍

党的政治建设从根本上讲，就是执政党为加强自身建设而开展的政治工作。高校党务工作和思想政治工作队伍是高校政治工作的骨干力量。同样，也有观点认为，"部分高校院（系）党组织负责人一般由专职党务行政干部担任，尽管事务性工作经验丰富，但专业理论素养相对不高，对现代大学和院（系）治理的理念和内涵认识不足；由于党务干部专业背景较弱，普遍缺乏学术影响力，因此在院（系）层面的权威有限，在学科建设和教学、科研等工作中往往没有太多发言权，影响和制约了党组织在院（系）事业发展中的方向引领和监督保证作用的发挥。"① 虽然我们不能把这种观点理解为明显的成见，但完全可以得出，高校在坚持把思想政治工作作为党的建设的重要抓手的同时，必须高度警惕"醉心于狭隘的无原则的所谓实际主义和无头脑无前途的事务主义"② 的倾向和西方政党研究者力求在政治专业化的类型学内拟定党官僚的问题③，将政治专业人员界定为"把他大部分的，工作活动献身于政治，并从中找到生计的主要来源"④，这同样有浓厚的事务主义倾向。我们必须"加强党务工作者队伍建设，让党务工作者有尊严、有底气、有本事，让师生党员亮身份、作表率、走前头"⑤，"注重培养专业作风、专业精神，引导广大干部坚持理论联系实际，干一行爱一行、钻一行精

---

① 胡伟：《大力加强高校院（系）党组织治理能力建设》，载《中国高等教育》，2017年第24期，第23页。
② 《关于若干历史问题的决议》，见《两个历史问题的决议及十一届三中全会以来党对历史的回顾》，北京：中共党史出版社2013年版，第23页。
③ [意] 安格鲁·帕尼比昂科：《政党：组织与权力》，周建勇译，上海：上海世纪出版社2013年版，第253页。
④ [意] 安格鲁·帕尼比昂科：《政党：组织与权力》，周建勇译，上海：上海世纪出版社2013年版，第235页。
⑤ 福建省中国特色社会理论体系研究中心：《深刻把握高校党委全面领导的内涵和要求》，载《求是》，2018年第4期。

一行、管一行像一行。突出精准化和实效性"①。

第三节　生动的政治工作，塑造政治德行

党的学说和党的建设是共产党人特有的和常用的语言，习近平总书记在党的十九届一中全会上强调："这些年来，我一直强调要加强干部队伍专业化建设，是因为随着改革开放和社会主义现代化建设不断向前推进，各项工作对专业化、专门化、精细化提出了越来越高的要求，采取一般化、大呼隆、粗放型的领导方式和领导方法是完全不能适应的"②。"当今世界正面临着前所未有的大变局，中国特色社会主义进入了新时代。党内外、国内外环境的深刻变化，工作对象和工作条件的深刻变化，知识更新周期的大大缩短，对我们的本领提出了许多新要求。"③ 习近平在"不忘初心、牢记使命"主题教育工作会议上的讲话指出："坚决摒弃一切明哲保身、得过且过、敷衍塞责、懒政怠政等消极行为"。④

涂尔干从教育学的视角阐明了思想政治工作的针对性问题，"培养拥有一切青春力量的人们，与培养处在婴幼期、对未来毫无把握的弱小的人们，教育原则与实践是不能完全一样的。"⑤ "随着人们的意识越来

---

① 《中共中央办公厅印发〈关于进一步激励广大干部新时代新担当新作为的意见〉的通知》，见《十九大以来重要文献选编》（上册），北京：中央文献出版社2019年版，第441页。
② 《习近平关于"不忘初心、牢记使命"论述摘编》，北京：中央文献出版社、党建读物出版社2019年版，第217页。
③ 《习近平关于"不忘初心、牢记使命"论述摘编》，北京：中央文献出版社、党建读物出版社2019年版，第217页。
④ 《在"不忘初心、牢记使命"主题教育工作会议上的讲话》，见《十九大以来重要文献选编》（中册），北京：中央文献出版社2021年版，第111页。
⑤ 涂尔干：《教育思想的演进》，北京：商务印书馆2016年版，第254页。

越个人化，教育本身也必须变得越来越个人化。从开始要求教育针对独立存在的、异质性的个人发挥自身影响的那一刻起，它就不能继续以笼统适用的、同质性的、一致性的方式发展了。"①

2013年，习近平总书记在中央党校春季学期开学典礼上强调了干部本领恐慌的问题，"很多同志有做好工作的真诚愿望，也有干劲，但缺乏新形势下做好工作的本领，面对新情况新问题，由于不懂规律、不懂门道、缺乏知识、缺乏本领，还是习惯于用老思路老套路来应对，蛮干盲干"②。在万象争辉的新发展阶段，高校党务和思想政治队伍增强适应新形势新任务的信心和能力，做好做实"生动的政治工作"对党建工作质量至为关键。"思想政治教育传播文化的过程，也是保存和活化社会文化的过程。如果没有思想政治教育的传播，政治文化、伦理文化就只能表现为储存形态的文化，即蕴藏于物品或文献中，不能被人们掌握和运用，难以在实际政治生活和道德生活中发挥作用。只有通过思想政治教育，才能使储存形态的政治伦理文化转变为现实的政治伦理文化。"③

一是要挖掘生动的政治素材。美国作家格兰姆·贝克在北平和平解放时，看到路边的商店贴出了"庆解放军大胜利，生意兴隆通四海；祝马列主义实现，财源茂盛达三江"的对联。④ 从中可以看出，对联所表达的意蕴意涵距离马克思列宁主义的实质和主旨有很大偏离，但是广大群众对新中国的希望已跃然纸上。

二是要提炼生动的政治话语特别是善于从一般事务中发现政治问

---

① 涂尔干：《教育思想的演进》，北京：商务印书馆2016年版，第385页。
② 《习近平关于全面建成小康社会论述摘编》，北京：中央文献出版社2016年版，第189页。
③ 陈万柏、张耀灿：《思想政治教育学原理》，北京：高等教育出版社2015年版，第74页。
④ ［美］格兰姆·贝克：《战时中国》（下），朱启明、赵叔翼译，北京：天地出版社2020年版，第407页。

题，积累政治经验，在话语传播中体现高校党务和思想政治工作队伍的政治作为。生动的政治话语是高校党务和思想政治工作者分析决策能力的具体呈现。高校党务和思想政治工作者尤其需要在宣传党性和人民性相统一的过程中提升政治话语的准确性和传播力，让同学们深刻认识到新时代成才立业的广阔舞台和光辉前景。

三是结合专业学习，丰富政治教育内容。高等学府是国家高层次人才的重要来源和科学研究的主要人才供给，人才成长靠的是扎实的学习功底，学风是一所大学的灵魂和气质，展现了中国特色社会主义大学的精气神，渗透于学生全面发展过程之中。

部分在校同学在快节奏的社会生活中，急功近利、奢靡享受、人前显贵的歪风与"精致的利己主义"的种种形式也影响到大学生的学习行为方式，这些现象与踏实肯干的学习风气和蓬勃向上的学习氛围背道而驰，受限于知识视野和社会阅历，少数同学还不能从宏大的角度分析、思考这类困惑与问题。因此，如何将生动的思想政治转化为学生专业学习的持久动力和专心专注，是高校党务和思想政治工作队伍面临的重大课题。

结　语

中国特色社会主义进入新时代，"党的建设新的伟大工程"与"党的全面领导"紧密联系又高度统一。正如中共中央总书记习近平所言："**我们党是按照马克思主义建党原则建立起来的，形成了包括党的中央组织、地方组织、基层组织在内的严密组织体系。这是世界上任何其他政党都不具有的强大优势。**"① 在这套周密而高效的组织体系中，每个层级的枢纽作用发挥都关系到党的基本方略的贯彻力度。

按照《中国共产党问责条例》第七条规定，对由于党的政治建设放松导致严重后果或者恶劣影响的，予以问责的包括："党的政治建设抓得不实，在重大原则问题上未能同党中央保持一致，贯彻落实党的路线方针政策和执行党中央重大决策部署不力，不遵守重大事项请示报告制度，有令不行、有禁不止，阳奉阴违、欺上瞒下，团团伙伙、拉帮结派问题突出，党内政治生活不严肃不健康，党的政治建设工作责任制落实不到位"。据此归结基层党建的历史经验和实践需要，分析清除作风之弊、政治行为之垢的有效经验，基层党组织政治建设的焦点是管理权限配置，即"听谁的"，"**党务关系的核心是权力关系，其或纵或横取决于**

---

① 《习近平谈治国理政》（第三卷），北京：外文出版社2020年版，第102页。

党的组织之间的职权配置，同时受到人、事、时、地等其他重要因素影响。"① 这实际上也是领导与被领导、团结凝聚向心与分裂分散分离的对立问题。

以政治建设为统领，全面加强高校党的建设，说到底也是要围绕立德树人根本任务解决"听党话跟党走"、打牢党在高校的政治根基等问题。在高校中建党是中国共产党党建工作的光荣传统，高校是党建活动的重要场域，具体到高校党建工作的内容，高校党的政治建设的直接指向则较为宏大和分散，单纯强调意识形态阵地、接班人的育人目标未免过于简单草率，目前的研究主要是从高校党的政治建设的深远意义出发来突出重要性。同时，在大众熟知的层面，高校被认为是观点多元、立场各异、思潮涌动的思想文化和育人阵地。习近平总书记从党的建设的原理的角度指出了党的政治建设的理论逻辑：

> 任何政党都有政治属性，都有自己的政治使命、政治目标、政治追求。马克思主义政党具有崇高政治理想、高尚政治追求、纯洁政治品质、严明政治纪律。如果马克思主义政党政治上的先进性丧失了，党的先进性和纯洁性就无从谈起。这就是我们把党的政治建设作为党的根本性建设的道理所在。②

高校承载着创造性、创新性、知识性的力量，党对高校党组织的运行特点与师生政治意愿的表达特色的了解有一个历史过程。因此，我们要说清高校党的政治建设，必须着重解释清楚只有把高校基层党组织建设得坚强有力，才能在高校实现马克思主义政党的政治追求、完成社会

---

① 宋功德：《党规之治——党内法规一般原理》，北京：法律出版社2021年版，第178页。

② 《习近平谈治国理政》（第三卷），北京：外文出版社2020年版，第91页。

主义新型大学的政治目标的基本逻辑。反过来说，制度规范"将大量彼此不同，而且本身极度复杂的生活事件，以明了的方式予以归类，用清晰易辨的要素加以描述"①，而要将内容转化为实际的政治行为和统一的政治意见，防止政治实践与政治意图背道而驰，必须在强化执行过程中直面"复杂的生活事件"难题。在制度设计转化为实践形态的过程中，《中国共产党普通高等学校基层组织工作条例》在发挥治理效能、避免效力流失上仍面临明确组织边界、思想交锋等难题。

---

① ［德］卡尔拉伦茨：《法学方法论》，陈爱娥译，北京：商务印书馆2003年版，第319页。

参考文献

一、著作

1.《马克思恩格斯选集》（第一卷），北京：人民出版社2012年版。
2.《马克思恩格斯选集》（第三卷），北京：人民出版社2012年版。
3.《马克思恩格斯选集》（第四卷），北京：人民出版社2012年版。
4.《共产党宣言》，北京：人民出版社2018年版。
5.《资本论》（第一卷），北京：人民出版社2004年版。
6.《列宁全集》（第四卷），北京：人民出版社2013年版。
7.《列宁全集》（第五卷），北京：人民出版社2013年版。
8.《列宁全集》（第八卷），北京：人民出版社2017年版。
9.《列宁全集》（第二十六卷），北京：人民出版社2017年版。
10.《列宁全集》（第二十九卷），北京：人民出版社2017年版。
11.《列宁全集》（第三十九卷），北京：人民出版社2017年版。
12.《列宁专题文集（论辩证唯物主义和历史唯物主义）》，北京：人民出版社2009年版。
13.《列宁专题文集（论无产阶级政党）》，北京：人民出版社2009

年版。

14.《毛泽东选集》(第一卷),北京:人民出版社1991年版。

15.《毛泽东选集》(第二卷),北京:人民出版社1991年版。

16.《毛泽东选集》(第三卷),北京:人民出版社1991年版。

17.《毛泽东选集》(第四卷),北京:人民出版社1991年版。

18.《毛泽东选集》(第五卷),北京:人民出版社1979年版。

19.《邓小平论党的建设》,北京:人民出版社1990年版。

20.《邓小平文选》(第一卷),北京:人民出版社1993年版。

21.《邓小平文选》(第二卷),北京:人民出版社1983年版。

22.《邓小平文选》(第三卷),北京:人民出版社1989年版。

23.《习近平关于北京工作论述摘编》,北京:中央文献出版社2021年版。

24.《习近平关于党风廉政建设和反腐败斗争论述摘编》,北京:中央文献出版社、中国方正2015年版。

25.《习近平论党的宣传思想工作》,北京:中央文献出版社2019年版。

26.《习近平谈治国理政》(第二卷),北京:外文出版社2017年版。

27.《习近平谈治国理政》(第三卷),北京:外文出版社2020年版。

28.《习近平谈治国理政》,北京:外文出版社2014年版。

29.《决胜全面建成小康社会 夺取新时代中国特色社会主义伟大胜利》,北京:人民出版社2017年版。

30.《决胜全面建成小康社会,夺取新时代中国特色社会主义伟大胜利》,北京:中央文献出版社2019年版。

31.《论坚持党对一切工作的领导》,北京:中央文献出版社2019年版。

32.《论中国共产党的历史》,北京:中央文献出版社2021年版。

33.《党的十九大报告学习辅导百问》，北京：党建读物出版社 2017 年版。

34.《党的十九届四中全会〈决定〉学习辅导百问》，北京：学习出版社 2019 年版。

35.《两个历史问题的决议及十一届三中全会以来党对历史的回顾》，北京：中共党史出版社 2013 年版。

36.《关于坚持和完善普通高等学校党委领导下的校长负责制的实施意见》，北京：党建读物出版社 2014 年版。

37. 中共中央办公厅法规局：《中国共产党党内法规汇编》，北京：法律出版社 2021 年版。

38.《习近平关于"不忘初心、牢记使命"论述摘编》，北京：中央文献出版社、党建读物出版社 2019 年版。

39.《十九大以来重要文献选编》，北京：中央文献出版社 2021 年版。

40.《习近平关于严明党的纪律和规矩论述摘编》，北京：中央文献出版社 2016 年版。

41.《建党以来重要文献选编（1921—1949）》（第一册），北京：中央文献出版社 2011 版。

42.《建国以来重要文献选编：第二册》，北京：中央文献出版社 2011 年。

43.《十八大以来重要文献选编》，北京：中央文献出版社 2018 年版。

44.《十五大以来重要文献选编》，北京：中央文献出版社 2011 年版

45.《中国共产党历史：第二卷 1949—1978》，北京：中共党史出版社 2011 年版。

46.《周恩来文化文选》，北京：中央文献出版社 1998 年版。

47.《知识分子问题文献选编》，北京：人民出版社 1983 年版。

48.《马克思 恩格斯 列宁 斯大林论共产主义社会》，北京：人民出版社 1958 年版。

49.《刘少奇论党的建设》，北京：中央文献出版社 1991 年版。

50.《刘少奇选集》，北京：人民出版社 1985 年版。

51.《论共产党员的修养》，北京：人民出版社 1962 年版。

52.《任弼时选集》，北京：人民出版社 1987 年版。

53.《周恩来教育文选》，北京：教育科学出版社 1984 年版。

54.《胡耀邦文选》，北京：人民出版社 2015 年版。

55.《陈云论党的建设》，北京：中央文献出版社 1995 年版。

56.《陈云选集》（第一卷），北京：人民出版社 1995 年版。

57.《李大钊全集》（第二卷），北京：人民出版社 2013 年版。

58.《鲁迅文学全集》（第七卷），北京：群言出版社 2017 年版。

59.《陶成章集》，北京：中华书局 1986 年版。

60.《吴玉章回忆录》，北京：中国青年出版社 1978 年版。

61.《中华人民共和国教育法》，北京：中国法制出版社 2021 年版。

62.《北京高等教育年鉴（1991 年）》，北京：北京工业大学出版社 1992 年版。

63.《北京高等教育文献资料选编（1977—1992）》，北京：首都师范大学出版社 2008 年版。

64.《北京高等教育文献资料选编（1993—1999）》，北京：首都师范大学出版社 2008 年版。

65.《十一届三中全会以来重要教育文献选编》，北京：教育科学出版社 1992 年版。

66.《中华人民共和国教育大事记：1949—1982》，北京：教育科学出版社 1984 年版。

67.《中国共产党普通高等学校基层组织工作条例》，北京：党建读物出版社 2021 年版。

68. 清华大学校史编写组：《清华大学校史稿》，北京：中华书局 1981 年版。

69. 清华大学校史研究室：《清华大学九十年》，北京：清华大学出版社 2001 年版。

70.《北京林业大学校史：1952—1992》，北京：中国林业出版社 2002 年版。

71. 北京航空航天大学校史编辑委员会：《北京航空航天大学校史：1952—1978》，北京：北京航空航天大学出版社 1992 年版。

72. 中央财经大学校史编写组：《中央财经大学六十年史》（上编），北京：中国财政经济出版社 2009 版。

73. 陈万柏、张耀灿：《思想政治教育学原理》，北京：高等教育出版社 2015 年版。

74. 陈至立、刘吉：《中国共产党建设史》，北京：人民出版社 1991 年版。

75. 陈至立主编：《陈至立教育文集》，北京：高等教育出版社、人民教育出版社 2016 年版。

76. 戴木才：《中国特色政治伦理——中国共产党对执政正当性的探索》，北京：商务印书馆 2019 年版。

77. 冯刚、张晓平、苏洁：《中国共产党高校思想政治教育发展史》，北京：人民出版社 2021 年版。

78. 冯身洪：《同济大学 2019 年党的建设研究》，上海：同济大学出版社 2020 年版。

79. 高放：《社会主义运动从理论到实践的转变（1948—1917）》，北京：北京师范大学出版社 2018 年版。

80. 顾海良、罗永宽：《高校党的领导体制建设研究》，北京：中国文史出版社 2013 年版。

81. 韩景阳：《高校党的建设研究》，北京：中国人民大学出版社 2009 年版。

82. 何东昌：《中华人民共和国重要教育文献：1949—1975》，海南：海南出版社 1998 年版。

83. 黄达：《黄达学术自传》，广东：广东经济出版社 2020 年版。

84.《韩非子》，北京：中华书局 2010 版。

85. 教育部思想政治工作司：《加强和改进大学生思想政治教育重要文献选编（1978—2008）》，北京：知识产权出版社 2015 年版。

86.《加强党内政治文化建设》，北京：中共中央党校出版社 2017 年版。

87.《论语》，肖卫译注，北京：中国文联出版社 2016 年版。

88. 劳凯声：《中国教育改革 30 年（政策与法律卷）》，北京：北京师范大学出版社 2009 年版。

89. 李铁映：《劳动价值论笔记》，北京：人民出版社 2017 年版。

90. 李一氓：《模糊的荧屏》，北京：人民出版社 1992 年版。

91. 李振霞：《中国当代哲学 40 年》，北京：华夏出版社 1997 年版。

92. 欧阳淞：《党的建设论稿》，北京：党建读物出版社 2011 年版。

93. 潘懋元、王伟康：《高等教育学》，福建：福建教育出版社 2013 年版。

94. 全国党的建设研究会：《中国化的马克思主义党建理论体系概论》，北京：党建读物出版社 2021 年版。

95. 人民教育出版社教育室：《毛泽东 周恩来 刘少奇 邓小平论教育》，北京：人民教育出版社 1994 年版。

96. 任仲文：《加强党的政治建设学习读本》，北京：人民日报出版社 2019 年版。

97. 上海社会科学院历史研究所：《辛亥革命在上海史料选辑》，上海：人民出版社 1966 年版。

98. 石中英：《教育学的文化性格》，山西：山西教育出版社 1999 年版。

99. 石中英：《知识转型与教育改革》，北京：教育科学出版社 2001 年版。

100. 宋功德、张文显：《党内法规学》，北京：高等教育出版社 2020 年版。

101. 宋功德：《党规之治——党内法规一般原理》，北京：法律出版社 2021 年版。

102. 涂尔干：《教育思想的演进》，北京：商务印书馆 2016 年版。

103. 王健英：《中国共产党组织史资料汇编 领导机构沿革和成员名录》，北京：红旗出版社 1983 年版。

104. 王奇生：《党员、党权与党争》，北京：华文出版社 2010 年版。

105. 吴贻谷：《武汉大学校史：1893—1993》，武汉：武汉大学出版社 1993 年版。

106. 《新时代党的政治建设十讲》，北京：红旗出版社 2019 年版。

107. 鄢一龙、白钢、章永乐等：《大道之行——中国共产党与中国社会主义》，北京：中国人民大学出版社 2015 年版。

108. 阎光才：《识读大学：组织文化的视角》，北京：教育科学出版社 2002 年版。

109. 杨德山：《中国共产党的政党学说》，北京：中共党史出版社 2005 年版。

110. 杨德山：《中国近代资产阶级政党学说研究》，北京：人民出版社 2002 年版。

111. 杨德山：《中国政党学说文献汇编》（第二卷），北京：中国人民大学出版社 2015 年版。

112. 杨德山：《中国政党学说文献汇编》（第三卷），北京：中国人民大学出版社 2015 年版。

113. 姚小玲、刘佳：《改革开放以来北京高校党建史》，北京：人民出版社 2018 年版。

114. 叶笃初、卢先福：《党的建设词典》，上海：人民出版社 1989 年版。

115. 张华：《中国共产主义青年团职能研究》，北京：人民出版社 2013 年版。

116. 张建华：《思想之镜——知识分子与苏联政治变迁：1936—1991》，北京：社会科学文献出版社 2016 年版。

117. 张灵芝：《话语分析与中国高等教育变迁》，北京：清华大学出版社 2015 年版。

118. 张文显：《法理学》，北京：高等教育出版社、北京大学出版社 2007 年版。

119. 赵淑梅：《以真理的名义：中共党内"左"右倾话语分析》，北京：中共党史出版社 2014 年版。

120. 周良书：《中共高校党建史：1921—1949》，北京：北京师范大学出版社 2012 年版。

121. 朱旭东：《教师专业发展理论研究》，北京：北京师范大学出版社 2011 年版。

122. ［美］戈登．塔洛克：《官僚体制的政治》，北京：商务印书馆 2010 年版。

123. ［美］格兰姆·贝克：《战时中国：一个美国人眼中的中国 1940—1946》，北京：天地出版社 2020 年版。

124. ［美］哈罗德·D. 拉斯韦尔：《政治学》，杨昌裕译，北京：商务印书馆1992年版。

125. ［美］基辛格：《论中国》，北京：中信出版社2011年版。

126. ［美］杰罗姆．卡拉贝尔：《被选中的：哈佛、耶鲁和普林斯顿的入学标准秘史》，谢爱磊、周晟、柳琳译，北京：中国人民大学出版社2014年版。

127. ［美］罗伯特·E. 戈定：《牛津比较政治学手册》，北京：人民出版社2016年版。

128. ［意］安格鲁·帕尼比昂科：《政党：组织与权力》，周建勇译，上海：上海世纪出版社2013年版。

129. ［意］克罗齐：《历史学的理论和历史》，田时纲译，北京：中国社会科学出版社2018年版。

130. ［英］伯特兰·罗素：《权力论》，吴友三译，商务印书馆2012年版。

131. ［德］卡尔拉伦茨：《法学方法论》，陈爱娥译，北京：商务印书馆2003年版。

132. ［德］齐佩利乌斯：《法学方法论》，金振豹译，北京：法律出版社2009年版。

二、报刊杂志

1.《习近平在纪念全民族抗战爆发七十七周年仪式上的讲话》，载《人民日报》，2014年7月8日。

2.《习近平在全国高校思想政治工作会议上强调 把思想政治工作贯穿教育教学全过程 开创我国高等教育事业发展新局面》，载《人民日报》，2016年12月9日。

3.《深入贯彻十七届五中全会精神 切实加强和改进高校党的建设》，载《党建》，2011年第1期。

4.《习近平就高校党建工作作出重要指示强调 坚持立德树人思想引领 加强改进高校党建工作》，载《人民日报》，2014年12月30日。

5.《习近平向全国广大教师致慰问信》，载《人民日报》，2013年9月10日。

6.《用好红色资源 赓续红色血脉 努力创造无愧于历史和人民的新业绩》，载《求是》，2021年第19期。

7.《用新时代中国特色社会主义思想铸魂育人 贯彻党的教育方针落实立德树人根本任务》，载《人民日报》，2019年3月19日。

8.《在北京大学师生座谈会上的讲话》，载《人民日报》，2018年5月3日。

9.《在庆祝"五一"国际劳动节暨表彰全国劳动模范和先进工作者大会上的讲话》，载《人民日报》，2015年4月29日。

10.《增强推进党的政治建设的自觉性和坚定性》，载《求是》，2019年第14期。

11.《总结党的历史经验，加强党的政治建设》，载《求是》，2021年第16期，

12.《做党和人民满意的好老师——同北京师范大学师生代表座谈时的讲话》，载《人民日报》，2014年9月10日。

13.《江泽民总书记给北京医科大学学生布仁巴雅尔的回信》，载《中国教育报》，1989年12月19日。

14. 陈宝生：《把高校建设成为坚持党的领导的坚强阵地》，载《中国纪检监察报》，2019年2月22日。

15. 陈宝生：《全面推进依法治教 为加快教育现代化、建设教育强国提供坚实保障——在全国教育法治工作会议上的讲话》，载《人民日

报》，2018 年 11 月 29 日。

16. 福建省中国特色社会理论体系研究中心：《深刻把握高校党委全面领导的内涵和要求》，载《求是》，2018 年第 4 期。

17. 侯嘉斌：《中国共产党党内法规建设的价值导向：从功能主义到规范主义的嬗变》，载《中共中央党校学报》，2017 年第 4 期。

18. 胡伟：《大力加强高校院（系）党组织治理能力建设》，载《中国高等教育》，2017 年第 24 期。

19. 黄建军：《新中国成立 70 年党对高校全面领导的历史考察与基本经验》，载《中国高等教育》，2019 年第 12 期。

20. 宋志红、刘书林：《引领社会思潮的关键在于高校党委的政治敏感性和政治鉴别力》，载《清华大学学报（哲学社会科学版）》，2010 年第 25 期。

21. 杨德山：《试论"全面从严治党"的理论价值》，载《马克思主义研究》，2017 年第 10 期。

22. 袁新文：《第七次全国高校党建工作会议开幕》，载《光明日报》，1998 年 7 月 4 日。

23.《中共中央政治局召开会议 研究部署加强新形势下党员发展和管理工作》，载《人民日报》，2013 年 1 月 29 日。

24.《中国共产党党员教育管理工作条例》，载《人民日报》，2019 年 5 月 22 日。

25. 周良书、朱孟光：《1978—1989 年：中共在高校中的建设》，载《党史研究与教学》，2013 年第 5 期。